SI SEULEMENT IL SAVAIT !

SI SEULEMENT *il* SAVAIT !

GARY SMALLEY

230, rue Lupien
Trois-Rivières (Québec)
Canada G8T 6W4

Édition originale en anglais :
IF ONLY HE KNEW
© 1982   Zondervan Publishing House
         5300, Patterson Avenue, S.E.
         Grand Rapids, Michigan, 49530
         U.S.A.

© 2000 : Publications Chrétiennes
          230, rue Lupien
          Trois-Rivières (Québec) G8T 6W4
          CANADA
          Tous droits réservés

Dépôt légal – 4ᵉ trimestre 2000

ISBN : 978-2-89082-031-9

Dépôt légal :   Bibliothèque et Archives nationales du Québec

                Bibliothèque et Archives Canada

Photo de couverture : iStock.com/Victor_Tongdee

«Maintenant donc ces trois choses demeurent: la foi, l'espérance, l'amour; mais la plus grande, c'est l'amour.»
(1 Cor. 13:13)

1
Comment faire fuir votre femme sans le faire exprès

«Quant à vous, maris, essayez de comprendre vos femmes, ayez beaucoup d'égards pour elles dans votre vie commune»
(1 Pierre 3:7 – Parole Vivante).

A l'autre bout du fil, une voix tremblante disait: «Il faut absolument que vous m'aidiez. Elle m'a fait envoyer une assignation du tribunal.» Georges venait demander mon aide, alors que sa relation avec sa femme avait déjà volé en éclats.

«Cela fait 20 ans que nous sommes mariés et elle ne me laisse même plus remettre les pieds chez moi. Je n'aurais jamais imaginé qu'elle puisse me traiter de la sorte après tout ce que j'ai fait pour elle. Qu'est-ce que vous pouvez faire pour nous aider à recoller les morceaux?»

Avant de répondre à sa question, je voulais parler à sa femme. «Il n'y a pas moyen d'adresser la parole à Barbara, dit-il. Jamais elle n'acceptera de vous écouter. Elle ne supporte rien venant de moi. Dès que vous direz que vous téléphonez de ma part, elle vous raccrochera au nez.» «Jusqu'à présent, aucune épouse n'a refusé de me parler, lui assurai-je. Ce serait la première fois ... Pouvez-vous me donner son numéro de téléphone?»

Pour être honnête les choses semblaient si mal s'annoncer que je me demandais vraiment si elle serait la première épouse à refuser de me parler de ses problèmes conjugaux. Cependant, mon appréhension n'était pas fondée, car Barbara ne désirait qu'une chose: parler de ses problèmes. «A quelles conditions seriez-vous prête à vous réconcilier avec votre mari? Que faudrait-il qu'il fasse pour que vous soyez disposée à donner une nouvelle chance à votre mariage?» C'étaient les mêmes questions que j'avais déjà posées à de nombreuses femmes qui affirmaient qu'elles ne voulaient plus reprendre la vie commune.

Sa réponse fut typique: «Je ne sais pas comment répondre à cette question. Il n'y a pas pire mari au monde, et je ne vois pas comment je peux concevoir de me réconcilier avec lui. Je ne peux plus supporter sa personnalité, ni ses habitudes blessantes. Le tribunal s'en chargera, me dit-elle. Faites en sorte qu'il ne m'approche pas!»

Je lui demandai gentiment si elle pouvait me dire ce que son mari avait fait pour l'offenser. En entendant sa réponse, je dis: «On dirait qu'il n'a pas été un mari très prévenant, ni très gentil, n'est-ce pas?»

Une fois de plus, je lui demandai de faire un effort d'imagination pour m'indiquer les changements qu'elle exigerait de lui avant de reprendre la vie commune. «Il y aurait beaucoup de choses à changer», me dit-elle. Premièrement, il était dominateur et critique. Deuxièmement, il était trop possessif et essayait de contrôler tous ses faits et gestes. Troisièmement, il piétinait sa confiance en elle-même en la tournant constamment en ridicule. Et quatrièmement, bien qu'il trouvât toujours du temps pour son travail ou pour ce qui l'intéressait personnellement, il prenait rarement le temps de l'écouter. Et pour couronner le tout, il l'épiait et ne lui laissait aucune liberté. «Mais ne vous faites pas d'illusions, me dit-elle à la fin de notre conversation, en aucun cas, je n'arrêterai la procédure de divorce.»

Quand j'exposai ces griefs à Georges, je sus que je touchais des points sensibles. Il se défendit et l'accusa. Je le laissai se défendre avec acharnement pendant un moment avant de lui demander: «Tenez-vous vraiment à ce que votre femme revienne?» «Je vous assure que je ferai n'importe quoi pour la reconquérir», dit-il.

«Parfait. Je suis toujours prêt à aider quelqu'un qui est disposé à se remettre en question. Mais si vous ne prenez pas les choses au sérieux, mieux vaut le dire tout de suite. Je n'ai pas de temps à perdre!» Il promit à nouveau de faire des efforts pour changer, mais sa résolution ne tint que jusqu'à ma prochaine proposition: «Nous allons devoir nous attaquer à votre nature dominatrice et possessive qui prouve que vous n'aimez pas réellement votre femme.»

Il fulminait et se défendait avec acharnement, tant et si bien que je commençai à me demander s'il avait réellement l'intention de changer. «De ma vie, je n'ai jamais rencontré homme plus agressif et plus entêté!» m'exclamai-je. Soudain calmé, il répondit: «Je ne suis pas comme ça de nature. D'habitude, je suis plutôt soumis. En fait, je ne suis pas autoritaire. J'ai toujours l'impression que les gens m'écrasent.» «Je n'ai pas l'impression que nous parlions de la même personne, répondis-je. Si j'étais votre femme, je ne serais pas sûr de pouvoir supporter votre caractère dominateur». Cela l'arrêta pendant suffisamment longtemps pour donner à notre conversation une tournure plus sérieuse. Après avoir parlé avec ses amis et avoir même prié pour que Dieu l'aide à comprendre où le bât blessait, il revint me voir, capable de reconnaître ses torts et prêt à changer.

«Si vous voulez vraiment aimer votre femme, vous devez commencer dès maintenant, au moment de la procédure de divorce», dis-je. Comme nous abordions le sujet, il mentionna qu'il avait besoin de prendre un avocat parce que sa femme en avait un. «Non, lui conseillai-je. Si vous voulez la reconquérir, vous ne devez pas prendre d'avocat maintenant.» (Ce n'est pas toujours ce que je conseille, mais vu les circonstances, je pensais qu'il aurait plus de chances de reconquérir son amour s'il ne faisait pas appel à la légalité). «Vous êtes fou, dit-il. Ils vont me soutirer le maximum». Se sentant quelque peu désarmé, il accepta à contre-cœur de se passer d'avocat.

En compagnie de deux de ses amis, j'attendais au tribunal la fin de la session à huis clos. Il se précipita hors de la salle en vociférant: «Elle veut 20% de ma retraite ... 20%! Jamais je n'accepterai cela!» Une fois de plus, je lui demandai: «Voulez-vous que votre femme revienne?» A nouveau, il hocha la tête en signe d'affirmation. «Alors, donnez-lui 25%.» Je lui rappelai que, maintenant, c'était l'occasion de lui montrer qu'il la respectait et de la traiter avec prévenance. Il retourna dans la salle d'audience, d'où il ressortit un peu plus tard, divorcé ... Mais pas pour longtemps!

Quelques mois plus tard, je le rencontrai par hasard chez l'épicier. «Ma femme et moi, nous nous sommes remariés, claironnat-il, triomphant. Je pensais que vous étiez fou quand vous m'avez dit la première fois ce que je devais faire pour ma femme ... Je ne voyais vraiment pas comment je pourrais y arriver. Au début, il m'a fallu une volonté de fer. Je le faisais, mais seulement parce que vous m'aviez dit que Dieu récompense ceux qui le cherchent et suivent ses sentiers. Mais vous savez, c'est vraiment étonnant! Après avoir appliqué vos conseils pendant trois mois, j'y prends plaisir!»

Il continua à me citer des exemples de sa nouvelle façon de se comporter avec sa femme. Comme lorsqu'elle fit un voyage d'affaires et qu'il lui écrivit un mot pour lui dire combien il aurait aimé l'accompagner. Il avait joint à ce mot un peu d'argent et des indications pour l'aider à arriver à destination.

Georges s'était enfin rendu compte que sa femme était une personne unique qui avait besoin de tendresse, presque comme si elle portait sur son front la mention: «Objet fragile. A manier avec précaution». Il a découvert comment rétablir une relation tendue: par le respect de l'autre. Nous en parlerons au chapitre trois. Mais avant d'aborder la manière de reconstruire un mariage brisé, examinons les deux raisons principales pour lesquelles il échoue.

Deux causes d'échec d'un mariage

Hommes et femmes se marient avec des attentes dignes des «romans à l'eau de rose», et sans la moindre préparation. J'ai demandé un jour à une étudiante quel genre d'homme elle aimerait épouser. «J'aimerais qu'il sache raconter des histoires drôles, qu'il chante et danse et ne sorte pas le soir.» «Ce n'est pas un mari que vous cherchez, lui dis-je. C'est un poste de télévision!»

Sa vision d'un mari était révélatrice des causes d'échec les plus courantes dans le mariage. Nous nous marions avec des attentes irréalistes et peu de — pour ne pas dire aucun — don pour exprimer de la tendresse. En fait, la plupart d'entre nous sommes plutôt maladroits quand il s'agit des vrais besoins de notre partenaire.

N'est-il pas ironique qu'il faille un temps d'apprentissage pour devenir plombier, et seulement deux corps consentants et une prise de sang pour se marier? La plupart d'entre nous passent par les étapes du système scolaire sans avoir suivi le moindre cours de communication, beaucoup d'hommes se marient en n'ayant absolument aucune notion sur la façon d'aimer leur femme de manière à être heureux tous les deux!

Récemment, j'ai posé la question suivante à 5 femmes divorcées: «Si votre mari vous témoignait de l'amour d'une manière tangible, reprendriez-vous la vie commune avec lui?». «Bien sûr que oui!» fut leur réponse. Mais malheureusement, aucune d'entre elles n'avait l'espoir que son mari changerait un jour d'attitude. Connaissant personnellement l'un de ces maris, je dus reconnaître que sa femme n'avait pas grand-chose à espérer de lui. S'il avait eu la volonté d'essayer, il aurait pu la reconquérir. Hélas, il n'en avait nulle envie.

«Ce dont il n'a pas conscience, c'est que la plupart des femmes réagissent à l'affection aussi facilement que des jeunes chiots, m'expliqua une de ces femmes. S'il revenait et me traitait avec tendresse, gentillesse et compréhension, je l'inviterais tout de suite à reprendre la vie conjugale.»

N'est-il pas triste que nous, les hommes, ne sachions pas comment reconquérir notre femme ou éviter de la perdre? Comment pouvons-nous gagner son affection, son respect, son amour et sa coopération quand nous ne savons pas comment nous y prendre? Au lieu de nous efforcer de réparer un mariage brisé, la plupart d'entre nous préfère s'engager dans la voie du divorce.

Nous violons les lois relationnelles inhérentes au mariage, et nous nous demandons ensuite pourquoi tout tourne au vinaigre. Mais nous trouverions tout à fait normal que les lois de l'aérodynamique fassent s'écraser sur le sol un avion qui n'a qu'une seule aile!

Imaginez que vous soyez un ingénieur travaillant pour la NASA. Vous n'auriez pas l'idée de renoncer à un projet à cause d'un incident! Au contraire, avec d'autres ingénieurs vous vous concerteriez, vous entreriez de nouvelles données dans l'ordinateur ... Eureka! Vous découvririez l'origine de la panne et feriez les réglages nécessaires. Si le projet échouait malgré tout, vous ne l'abandonneriez pas pour autant. Vous le modifieriez tout simplement pour éviter des problèmes par la suite.

Tout comme un engin spatial, votre mariage est soumis à des lois qui déterminent son succès ou son échec. Si l'une de ces lois est transgressée, vous et votre femme, vous êtes voués à vous écraser. Cependant, si vous découvrez quelles lois ou quels principes vous enfreignez, et si vous vous appliquez à faire les aménagements nécessaires, votre union restera sur la bonne trajectoire.

Hommes et femmes méconnaissent généralement les différences fondamentales qui existent entre eux. Je m'aventurerai à dire que la plupart des difficultés conjugales gravissent autour d'un fait: hommes et femmes sont totalement différents. Les différences (émotionnelles, mentales et physiques) sont telles que, faute d'un effort pour les comprendre, il est presque impossible de vivre un mariage heureux. Un psychiatre bien connu a dit: «Après trente ans d'observation du comportement féminin, je me demande: ‹Mais que veulent-elles au juste?›» S'il en arrivait à cette conclusion, comment voulez-vous que le commun des mortels comprenne sa propre femme?

Vous avez sans doute déjà conscience de quelques-unes de ces différences. Bon nombre d'entre elles vont cependant vous paraître surprenantes. Saviez-vous par exemple que chaque cellule du corps de l'homme a une structure chromosomique différente de celle de la femme?

James Dobson déclare qu'il est démontré que le centre des émotions dans le cerveau de l'homme n'est pas «programmé» de la même façon que chez la femme. En vertu de ces différences, les hommes et les femmes sont très éloignés l'un de l'autre, aussi bien émotionnellement que physiquement.

Quelques différences mentales et émotionnelles

1. Les femmes ont tendance à être plus *sociables* que les hommes. Elles témoignent un intérêt plus profond aux personnes et aux sentiments, tandis que les hommes sont enclins à se préoccuper de l'aspect pratique des choses, de ce qui peut être compris par déduction logique. Les hommes sont plus axés sur les défis, les conquêtes, d'où leur vif intérêt pour des sports tels que le football et la boxe. Pourquoi une femme s'intéresse-t-elle moins à un match de boxe? Parce que des relations affectueuses et profondes ne se nouent généralement pas sur un ring!

Observez également ce qui se passe généralement durant les vacances passées en famille. Ce qui intéresse le mari, c'est de faire 700 km par jour, alors qu'elle préfère s'arrêter, prendre un café tranquillement, se reposer et discuter avec lui. Et il pense, lui, que c'est une perte de temps, parce que cela perturbe son programme.

Les hommes semblent moins désireux d'apprendre à établir des relations intimes, que ce soit avec Dieu ou avec les autres. Ainsi, ce sont habituellement les femmes qui achètent des livres concernant le mariage. Elles sont les premières à être intéressées par une rencontre personnelle avec Dieu et par la fréquentation d'une église. Quand un homme se rend compte que sa femme est plus naturellement douée pour entretenir des relations, il peut se sentir plus libre d'accepter ces tendances et décider d'améliorer ses relations avec sa femme et avec ses enfants.

Vous rendez-vous compte que les capacités naturelles de votre femme à établir des relations peuvent vous aider à obéir à deux des plus grands commandements que le Christ nous a enseignés: aimer Dieu et aimer les autres (Mat. 22: 36-40)? Jésus a dit que si nous mettons en pratique ces deux commandements, nous accomplissons tous les autres commandements. Pensez-y! Votre femme a été revêtue par Dieu de la capacité de vous aider à nouer des relations dans ces deux domaines. Dieu savait que vous aviez besoin d'une aide spéciale, c'est pourquoi il a dit: «Il n'est pas bon que l'homme soit seul; je lui ferai une aide semblable à lui» (Gen. 2:18). Si vous le lui permettez, votre femme peut vous ouvrir un monde de communication entièrement nouveau et merveilleux et des relations plus profondes.

2. Le Dr. Cecil Osborne, dans son livre The *Art of Understanding Your Mate (L'art de comprendre votre conjoint)*, dit que les femmes deviennent une partie intime des gens qu'elles connaissent et des choses qui les entourent. Bien qu'un homme soit en relation avec des personnes et des situations, il ne laisse habituellement pas son identité se confondre avec elles. Il reste détaché en quelque sorte. C'est pourquoi une femme, qui considère sa maison comme un prolongement d'elle-même, peut être blessée quand celle-ci est critiquée par autrui. Les femmes ont tendance à trouver leur identité dans des relations proches, tandis que les hommes trouvent leur identité à travers leur emploi.

3. Du fait que la femme trouve son identité émotionnelle à travers son entourage, il lui faut plus de temps pour s'adapter aux changements qui peuvent affecter ses relations. Par des déductions logiques, l'homme peut faire le bilan des avantages qui résulteraient d'un changement, et s'y adapter psychologiquement en quelques minutes. Il n'en est pas de même pour la femme. Elle se polarise sur les conséquences immédiates d'un changement de lieu par exemple, et elle a besoin de temps pour surmonter l'adaptation initiale avant d'apprécier ses avantages.

4. Les hommes ont tendance à exprimer leur hostilité par la violence physique, tandis que les femmes le font plus facilement par les mots. Le Dr. Paul Popenoe, fondateur de l'Institut des relations familiales à Los Angeles, a consacré des années à la recherche des différences biologiques entre les deux sexes. Certaines de ses découvertes sont énumérées ci-dessous:

– Les femmes ont une vitalité constitutionnelle plus grande, peut-être à cause de leur structure chromosomique particulière. Elles vivent habituellement 3 ou 4 ans de plus que les hommes.

– Le métabolisme de la femme est généralement plus lent que celui de l'homme.

- Le squelette de l'homme est différent de celui de la femme. Celle-ci a une tête plus petite, un visage plus large, un menton moins protubérant, des jambes plus courtes et un tronc plus long.
- Les femmes ont les reins, le foie, l'estomac et l'appendice plus grands que ceux de l'homme, mais elles ont des poumons plus petits.
- Les femmes ont plusieurs fonctions uniques et importantes: la menstruation, la grossesse, l'allaitement. Les hormones de la femme sont d'un type différent de celles de l'homme et plus nombreuses.
- La thyroïde de la femme est plus grande et plus active que celle de l'homme. Elle grossit pendant la grossesse et la menstruation; elle rend la femme plus encline au goitre et plus résistante au froid; de là lui vient sa peau douce, son corps relativement peu poilu et la couche de graisse sous-cutanée.
- Le sang de la femme contient plus d'eau et 20% moins de globules rouges. Les globules rouges apportant l'oxygène aux cellules du corps, la femme se fatigue plus facilement et elle est plus sujette à l'évanouissement. Sa vitalité constitutionnelle est, dès lors, limitée. (Quand la journée de travail dans les usines britanniques passa de 10 à 12 heures pendant la guerre, les accidents augmentèrent de 150% parmi les femmes et pas du tout parmi les hommes).
- En moyenne, la force physique de l'homme est supérieure de 50% à celle de la femme (les muscles représentent 40% du poids d'un homme, 23% de celui de la femme).
- Le cœur de la femme bat plus rapidement (en moyenne 80 battements à la minute contre 72 pour l'homme). La tension de la femme (10 points de moins que celle de l'homme) varie, mais elle a moins tendance à avoir de l'hypertension – du moins jusqu'après la ménopause.
- La capacité vitale de la femme ou sa capacité respiratoire est nettement inférieure à celle de l'homme.
- La femme supporte mieux les hautes températures que l'homme, car son métabolisme ralentit moins.

Quelques différences sexuelles

La pulsion sexuelle de la femme tend à suivre son cycle menstruel, tandis que celle de l'homme est pratiquement constante. L'hormone appelée testostérone joue un rôle primordial dans la stimulation du désir sexuel chez l'homme. La femme est davantage stimulée par le toucher et les mots tendres. Elle est nettement plus attirée par la personnalité de l'homme, tandis que celui-ci est stimulé par la vue. Il a généralement moins de discernement à l'égard des personnes vers lesquelles il est attiré physiquement.

Tandis que le temps de préparation à l'acte sexuel chez l'homme est faible ou nul, la femme a souvent besoin d'heures de préparation mentale et émotionnelle. Des comportements brutaux et grossiers peuvent lui enlever tout désir d'intimité sexuelle pendant une période prolongée. Lorsque les émotions d'une femme ont été bafouées par son mari, elle ressent souvent de la répulsion devant ses avances. Beaucoup de femmes m'ont dit qu'elles avaient l'impression d'être des prostituées quand elles étaient obligées de faire l'amour avec leur mari, alors qu'elles éprouvaient du ressentiment envers lui. Cependant, un homme peut n'avoir aucune idée de ce que sa femme doit endurer, lorsqu'il la force à se donner. Ces différences fondamentales, qui généralement font surface peu après le mariage, sont à la source de beaucoup de conflits conjugaux. Dès le départ, la femme a une plus grande intuition sur la manière de nouer une relation d'amour. A cause de sa sensibilité, elle est initialement plus attentive aux sentiments de son mari et pleine d'enthousiasme pour créer une relation profonde à tous les niveaux: elle sait comment construire autre chose qu'un «marathon sexuel»; elle veut être à la fois amante, meilleure amie, admiratrice, maîtresse de maison et partenaire appréciée. L'homme n'a généralement pas cette conscience instinctive, ce sixième sens de ce qu'une relation devrait être. Il ne sait pas comment s'y prendre pour aimer et encourager sa femme ou la traiter de façon à répondre à ses besoins les plus profonds.

Puisqu'il ne peut pas comprendre par intuition ces aspects vitaux, il ne peut compter que sur son savoir et sur les qualités qu'il a acquises avant le mariage. Malheureusement, notre système éducatif ne propose aucun cours de formation pour les futurs maris! Leur seule formation se limite à l'exemple qu'ils ont connu à la maison, et celui-ci peut avoir été insuffisant pour beaucoup d'entre nous.

Nous nous marions en sachant tout – ou presque – dans le domaine de la sexualité et très peu sur l'amour véritable, dénué d'égoïsme. Je ne veux pas dire par là que les hommes sont plus égoïstes que les femmes. Je dis simplement qu'au début du mariage, l'homme n'est pas aussi armé que la femme pour désirer un amour désintéressé, ou pour alimenter une relation d'amour durable dans le mariage.

Dominique projetait d'investir une somme importante dans une affaire qui était «du solide»: c'était une affaire à ne pas manquer! Il avait étudié la question sous tous ses angles et en avait déduit logiquement qu'il ne pouvait pas rater cette occasion. Après avoir signé le contrat et donné un chèque à l'autre partie, il décida d'en parler à sa femme. En apprenant certains détails, elle ressentit immédiatement un malaise au sujet de cette transaction. Dominique s'aperçut de son inquiétude et se mit en colère avant de lui demander ce qui l'amenait à ressentir les choses de cette façon. Elle n'avait aucune raison logique à lui avancer, mais elle savait que «quelque chose n'allait pas». Dominique céda, retourna voir les autres investisseurs et demanda le remboursement de la somme investie. «Vous êtes fou!» dit l'homme en lui restituant son argent. Peu de temps après, tous les gestionnaires et les investisseurs furent inculpés. L'intuition de sa femme lui avait non seulement permis d'économiser une importante somme d'argent, mais lui avait peut-être évité la prison!

Qu'est-ce que l'intuition féminine exactement? Ce n'est pas quelque chose de mystique. Selon l'équipe de chercheurs de l'université de Stanford conduite par les neuropsychologues McGuinness et Tribran, les femmes ont la faculté de capter «des messages» plus rapidement et avec plus d'acuité que les hommes. Vu que cette intuition est basée sur un processus mental inconscient, beaucoup de femmes ne sont pas capables d'expliquer rationnellement ce qu'elles ressentent. Elles perçoivent ou sentent quelque chose à propos d'une situation ou d'une personne, alors que les hommes ont tendance à faire une analyse logique des événements ou des gens.

Maintenant que vous savez *pourquoi* les hommes et les femmes ne peuvent comprendre leurs différences respectives sans fournir un grand effort, j'espère que vous aurez plus d'espoir, de patience et de tolérance, lorsque vous vous attacherez à renforcer et à approfondir votre relation avec votre épouse. Sachant cela, examinons quelques-unes des conséquences qui résultent du fait de laisser un mariage en difficulté péricliter.

Les conséquences d'un mariage raté

– Tout d'abord, une femme qui n'est pas aimée par son mari peut contracter un certain nombre de maladies graves.
– Deuxièmement, chaque aspect de la vie émotionnelle et physique d'une femme dépend de l'amour qu'elle reçoit de son mari, dit James Dobson. Aussi, vous les maris, si vous vous sentez chassés de votre chambre à coucher, écoutez attentivement. Selon James Dobson, quand un homme apprend à aimer sa femme de la façon dont elle a besoin d'être aimée, elle réagira physiquement d'une manière qu'il n'aurait jamais crue possible auparavant.
– Troisièmement, dans son livre *Sept choses dont les enfants ont besoin* John Drescher affirme que le manque d'amour d'un mari pour sa femme peut affecter le développement émotionnel de leurs enfants.
– Quatrièmement, on rencontrera plus facilement une femme et des enfants rebelles dans le foyer d'un homme qui ne sait pas comment entourer sa famille d'amour.
– Cinquièmement, quand un homme vit un mariage raté, il perd sa réputation aux yeux du monde. Il dit: «Je me fiche de ce que j'ai promis le jour de mon mariage; il n'est plus question que je fasse des efforts». En refusant d'aimer sa femme comme il le

devrait, il dit implicitement à son entourage qu'il est égocentrique et pas digne de confiance.

– Sixièmement, le fils d'un tel homme prendra probablement beaucoup de mauvaises habitudes, calquées sur celles de son père, dans sa façon de traiter sa future femme. Les parents qui manquent d'amour ne peuvent pas garder leurs problèmes pour eux-mêmes. Ils influenceront inévitablement les futures relations de leurs enfants.

– Et septièmement, une mauvaise façon d'aimer augmente le risque de maladie mentale, exigeant que les membres de la famille subissent un traitement psychiatrique. Selon un article paru dans «Family Weekly» du 16 juillet 1978, le Dr. Nathan Ackerman dit que la maladie mentale est transmise dans une famille de génération en génération. Dans le même article le Dr. Salvador Minuchin, psychiatre, dit que les membres de la famille se trouvent souvent pris dans l'ornière de la maladie mentale en s'imposant des contraintes inutiles.

La décision la plus difficile que vous ayez jamais prise

Je ne suis pas en train d'essayer de vous mettre dans le moule du mari parfait. Je ne connais aucun mari parfait. Cependant, j'en connais certains qui apprennent à répondre aux besoins particuliers de leur épouse. Je voudrais vous aider à apprendre comment aimer votre femme de façon plus conséquente. Au début, vous aurez l'impression de tout reprendre à zéro. Des semaines, des mois et peut-être des années pourront s'écouler avant que vous n'atteigniez votre objectif: avoir une attitude d'amour constante. Après que vous aurez appris à faire des progrès, vous prendrez de l'assurance. Bientôt, vous serez étonné d'avoir un mariage que vous n'auriez jamais cru possible auparavant. Rappelez-vous: vous aurez peut-être l'impression qu'il est impossible de changer des habitudes de toute une vie, mais c'est possible. Il faut généralement 30 à 60 jours pour changer une habitude.

J'espère que vous déciderez de changer les vôtres. Je sais par expérience que les résultats valent bien l'effort qu'ils coûtent.

Le secret d'un mariage réussi? La persévérance! Quelquefois, au beau milieu d'un conflit avec Norma, je suis tenté d'abandonner. C'est généralement parce que je ne suis pas en forme. Souvent je suis fatigué, trop stressé – et alors l'avenir semble sombre. A ce moment-là, je me repose sur mon savoir et non sur mes sentiments. Je fais ce qui permettra à notre relation de s'affermir et, en peu de jours, je vois les résultats. En fait, je me sens généralement mieux le lendemain et mon désir de travailler à notre mariage est renouvelé. Aussi, je ne renonce jamais. Je continue à agir conformément à ce qui, selon la Bible, est le seul fondement de relations durables.

Je m'efforce de mettre ces principes en pratique, en dépit de ce que je ressens. J'ai essayé d'exposer et d'illustrer ces principes à travers ce livre.

Rappelez-vous, vous serez gagnant si vous vous efforcez d'avoir une relation d'amour avec votre femme. Ma femme m'a dit des dizaines de fois que j'y gagne moi-même lorsque je la traite correctement. Mes attentions la motivent à agir de même à mon égard, à répondre avec joie à mes besoins et à mes désirs, mais cela n'a jamais éte ma motivation principale.

Ma plus grande motivation a été le défi et la récompense liée au fait de conformer ma vie aux Ecritures. Pour moi, cela suit les deux plus grands enseignements du Christ: connaître et aimer Dieu et connaître et aimer le prochain (Matt. 22: 36-40). Toute la joie et l'épanouissement, que j'ai désirés dans cette vie, sont venus de ces deux relations – avec Dieu et avec les autres (Eph. 3: 19-20; Jean 15: 11-13). Ces relations sont si importantes que j'ai ajouté à ma propre vie une autre motivation – peut-être la meilleure en ce qui me concerne. Je permets à quelques autres couples de me rappeler ma responsabilité d'aimer ma femme et mes enfants. Ils ont la liberté de me demander comment va notre couple, notre famille, et je sais qu'ils m'aiment assez pour me relever lorsque je tombe. Et j'essaye toujours de me rappeler que l'amour est un choix. Je choisis de soigner mes relations. Ce choix, qui apporte de grandes récompenses, peut être le vôtre.

Ma femme et moi avons décidé de consacrer le restant de notre vie à acquérir les aptitudes nécessaires pour reconstruire des relations profondes. J'ai personnellement interrogé des centaines de femmes sur les attitudes de leurs maris qui ont contribué à démolir ou édifier leur mariage. Ce livre est le fruit de mes découvertes.

Votre femme peut avoir une carrière professionnelle ou être une maîtresse de maison, mère de deux – trois enfants, ou ne pas avoir d'enfants. Quoi qu'il en soit, je crois que vous pouvez adapter les principes généraux de ce livre et ainsi construire une relation plus satisfaisante avec elle.

Avant de poursuivre, répondez au petit questionnaire ci-dessous afin d'évaluer la stabilité actuelle de votre mariage. Ensuite, lorsque vous aurez découvert vos points faibles et vos points forts, utilisez les chapitres suivants pour prendre les décisions nécessaires à l'affermissement de votre relation. Quelques-unes des idées contenues dans cette liste sont du Dr. George Larson, psychologue, qui a fait un travail exhaustif pour aider les gens à développer de bonnes relations. Il croit, tout comme moi, que les bonnes relations ne sont pas dues au hasard. Elles évoluent et ne se consolident que si les gens savent ce qu'ils veulent et comment ils peuvent y arriver.

Répondez par «OUI» ou «NON» à chacune des questions, puis faites le total.

1. Aidez-vous votre femme à avoir une bonne opinion d'elle-même?
2. Appréciez-vous chez votre femme les mêmes choses que vous appréciez en vous-même?
3. Souriez-vous quand vous apercevez votre femme?
4. Quand vous partez de la maison, votre femme éprouve-t-elle un sentiment de bien-être, d'avoir été comblée par votre présence?
5. Vous et votre femme pouvez-vous vous dire honnêtement ce que vous désirez réellement au lieu d'utiliser la manipulation ou des jeux?

6. Votre femme peut-elle se mettre en colère contre vous sans que vous la jugiez?
7. Acceptez-vous votre femme telle qu'elle est ou faites-vous différents projets pour la «remodeler»?
8. Vos actes sont-ils conformes à vos paroles?
9. Vos actes montrent-ils que vous prenez soin de votre femme?
10. Vous sentez-vous à l'aise avec votre femme quand elle porte de vieux vêtements?
11. Aimez-vous présenter votre femme à vos amis ou connaissances?
12. Êtes-vous capable de partager avec votre femme vos moments de faiblesse, d'échec, de déception ?
13. Votre femme peut-elle dire que vous savez écouter?
14. Avez-vous confiance que votre femme est capable de régler ses problèmes elle-même?
15. Admettez-vous en présence de votre femme que vous avez des problèmes et que vous avez besoin de réconfort?
16. Croyez-vous que vous puissiez mener une vie heureuse et comblée sans votre femme?
17. Encouragez-vous votre femme à développer tout son potentiel?
18. Êtes-vous capable d'accepter ce que votre femme vous enseigne et de prendre en considération ce qu'elle dit?
19. Si votre femme devait mourir demain, seriez-vous vraiment heureux d'avoir eu la chance de la rencontrer et de l'épouser?
20. Votre femme sent-elle qu'elle est plus importante que toute autre personne ou chose dans votre vie?
21. Pensez-vous connaître au moins cinq des besoins essentiels de votre femme et savez-vous y répondre de façon adéquate?
22. Savez-vous ce dont votre femme a besoin quand elle est fatiguée ou découragée?
23. Quand vous blessez votre femme, admettez-vous d'habitude que vous avez tort et cherchez-vous à vous faire pardonner?
24. Votre femme peut-elle dire que vous lui faites au moins un compliment par jour?

25. Votre femme peut-elle dire que vous êtes ouvert à ses «critiques constructives»?
26. Votre femme peut-elle dire que vous êtes son protecteur, que vous connaissez ses limites?
27. Votre femme peut-elle dire que vous prenez généralement en considération ses sentiments et ses idées, chaque fois que vous prenez une décision importante qui la touche elle ou votre famille?
28. Votre femme peut-elle dire que vous aimez être en sa compagnie et partager vos expériences avec elle?
29. Votre femme pourrait-elle dire que vous êtes un bon exemple de ce que vous souhaiteriez qu'elle soit?
30. Diriez-vous que vous suscitez son intérêt quand vous parlez de choses importantes pour vous?

Si vous répondez par «OUI» à moins de 10 questions, votre relation a un urgent besoin de restauration. Si vous répondez par «OUI» à 11-19 questions, votre relation a besoin d'être améliorée. Si vous répondez par «OUI» à 20 questions et plus, vous êtes probablement sur le chemin d'une relation harmonieuse et durable.

Réflexion personnelle

1. Quelles sont les deux principales responsabilités qui incombent à un mari? (Voir 1 Pierre 3:7).
2. Comment la Bible nous demande-t-elle d'aimer, et quel est le point commun entre les versets suivants: Jean 15:13, 1 Corinthiens 13:5, Philippiens 2:3-8?
3. Que gagnons-nous à aimer les autres? (Voir Jean 15:11, Galates 5:13-14, Éphésiens 3:19-20).

2
Où sont passés les sentiments?

«Mais la plus grande (de toutes ces choses), c'est l'amour»
(1 Corinthiens 13:13).

«Je ne t'aime plus», lança Véronique. Le choc fit sursauter Patrick, bien qu'il fût absorbé par le match de football qu'il regardait à la télévision. «J'ai l'intention de te quitter et d'emmener Laure avec moi», ajouta-t-elle. Patrick se retourna dans son fauteuil, se demandant s'il avait bien entendu.

Comme Véronique et Patrick se considéraient comme des adultes raisonnables et bien élevés, ils se séparèrent à l'amiable, calmement et sans faire d'éclats. Patrick, en homme «mûr», aida même Véronique à faire ses bagages. Puis, il regarda sans broncher sa femme et sa fille quitter la maison. Au-dedans de lui, cependant, il n'était pas calme du tout. Au cours du mois qui suivit, il ne put rien avaler et il ne tarda pas à avoir des brûlures d'estomac. Ses problèmes de santé n'étaient que les symptômes d'un mal plus profond – un manque de connaissances et d'intérêt concernant la construction d'une relation conjugale durable. Heureusement, Patrick put regagner l'affection de sa femme en lui témoignant un amour sincère. Pour cela, il lui fallut plus d'un an, mais Véronique fut finalement convaincue – en voyant combien Patrick avait changé – que cela valait la peine d'essayer de reprendre la vie commune.

Quelles leçons Patrick tira-t-il de son année passée loin de Véronique? Il avait appris qu'un mariage heureux, comme toute autre activité humaine, nécessite du temps et un apprentissage. Qui songerait à laisser une personne inexpérimentée grimper dans le cockpit d'un avion et prendre les commandes? Ou qui permettrait à un débutant d'entretenir les moteurs d'un avion? Or, nous nous attendons à ce qu'un homme soit capable de construire une relation d'amour solide sans la moindre formation préalable! Un homme doit être «formé»: il doit d'abord découvrir les principes de base de l'amour véritable, ensuite s'exercer jusqu'à ce qu'il ait acquis les compétences requises et qu'il les applique avec naturel. Sa gaucherie aura tôt fait de faire place à une grande aisance.

Vous souvenez-vous du couple dont j'ai parlé au premier chapitre? Au moment où Georges avait fait appel à moi pour l'aider à «reconquérir» sa femme, elle avait déjà obtenu un jugement du tribunal interdisant à Georges l'accès de la maison. Le divorce allait être prononcé, et cependant il voulait désespérément sauver leur mariage qui durait depuis tant d'années. Je me souviens lui avoir dit: «Cela sera difficile, mais je vous assure qu'aussi longtemps qu'elle n'est pas amoureuse d'un autre homme, ce que je vais vous conseiller sera efficace.»

Au début, il se sentait mal à l'aise en suivant les conseils que je lui avais donnés. Il devait tout reprendre depuis le début et apprendre peu à peu à parler à Barbara, à être tendre et à tenir compte de ses sentiments. Il ne savait pas quels étaient ses plus profonds besoins, qu'elle désirait être épaulée plutôt que d'entendre des discours quand elle était découragée. Mais avec le temps, il apprit sa leçon et il reconquit sa femme. Il disait qu'il ne pouvait pas comprendre comment des gestes, qu'il faisait autrefois de manière tellement maladroite, soient devenus une partie agréable de sa vie.

«Ça ne vaut même pas le coup, me dit un mari quand je lui expliquai comment sauver son mariage. Vous ne voyez pas que je ne l'aime plus du tout? Elle me casse les pieds, et je n'ai même pas envie de faire l'effort de construire ce que vous me décrivez. En fait, je veux tout laisser tomber.» «Qu'est-ce qui ne va plus entre vous deux?» lui demandai-je, essayant de comprendre pourquoi son amour pour elle avait disparu. «Pourquoi ne pouvez-vous pas faire un geste vers elle et essayer de bâtir une relation d'amour? Qu'est-ce qui fait que vous n'en ayez plus envie?» «Eh bien, me confia-t-il, plusieurs fois elle m'a blessé et je ne peux plus lui faire confiance». Le lendemain, alors que nous déjeunions ensemble, il me nomma certaines choses que sa femme avait faites, et continuait à faire, qui lui donnaient envie de la quitter. A sa stupéfaction, nous pûmes démontrer que chacune d'elles était due à l'absence de certaines qualités dans sa propre vie. Une fois qu'il eut compris cela, il me demanda: «Quelle sorte d'homme serais-je si je la laissais tomber alors que moi-même j'ai contribué à la rendre telle qu'elle est!»

Une relation conjugale durable, et satisfaisante aussi bien pour le mari que pour la femme, n'est pas le fruit du hasard. Il faut travailler dur à son couple pour lui conserver cinq, dix, quinze ou vingt ans après, la fraîcheur qu'il avait durant la lune de miel! J'apprécie plus que jamais la relation que j'ai avec ma femme et celle-ci s'approfondira encore dans les années à venir.

Les trois principales sortes d'amour

En se mariant, presque tout homme croit que son amour pour son conjoint ne tarira jamais. Pourtant, presque un mariage sur deux se termine par le divorce. Pourquoi? Parce que nous avons des idées trop romantiques ou hollywoodiennes sur l'amour. Mais il ne faut pas longtemps pour se rendre compte que la simple passion, qui tourne autour de la jouissance sexuelle, n'est pas suffisante en elle-même pour établir une relation durable. Malheureusement, trop de couples débutent leur mariage en pensant que ce type d'amour est tout ce dont ils ont besoin.

Il existe au moins trois types d'amour, chacun unique. Des trois – amitié, passion et amour véritable –, je crois que seul le dernier procure un fondement adéquat pour une relation sûre. Si une relation manque d'amour véritable, il y a de fortes chances pour qu'elle se dégrade. Une des qualités les plus exaltantes de l'amour véritable est qu'il peut se développer dans votre personnalité sans l'aide de sentiments d'affection. Avant de nous pencher sur l'amour véritable, considérons en premier lieu les deux autres sortes d'amour.

Amitié amoureuse

Nous parlons ici du «je t'aime bien» que nous éprouvons envers le sexe opposé, cette sorte d'amour qui stimule agréablement les sens. J'aime son parfum, sa présence, sa façon de parler, son apparence. Elle est d'une compagnie agréable qui vous rend heu-

reux. Vous l'aimez comme vous «adorez les pizzas ou la musique».
Beaucoup de relations commencent par ce style d'amour. Nous remarquons tous les traits séduisants en l'autre. Bientôt, nous nous rendons compte que nous apprécions ce qui, dans sa vie, nous met à l'aise. Bien que cet amour soit le fondement de nombreux mariages, il ne résiste pas forcément à l'épreuve du temps. Au bout de deux ou trois ans, la femme change de style de vie en même temps que de coiffure, son mari opte pour une nouvelle eau de toilette et change d'opinion politique. Plus ils vieillissent, plus ils changent.

Nous changeons tous un peu chaque année. Nous sommes en danger quand nous fondons notre amour sur des caractéristiques susceptibles de changer, que nous trouvons attirantes dans le cadre de cette sorte d'amitié. Nos sentiments se refroidissent de plus en plus jusqu'à ce que nous nous demandions ce qu'en fin de compte nous avions bien pu aimer dans notre conjoint quand nous l'avons rencontré. Arrivé à ce stade, nous chercherons quelqu'un d'autre à aimer. Il est facile de comprendre pourquoi l'amitié amoureuse a du mal à mûrir.

La passion
La passion implique davantage les émotions que l'amitié amoureuse. C'est le type d'amour qui fait vraiment faire des heures supplémentaires à notre cœur: «Je t'ai vraiment dans la peau!» Les Grecs appelaient «eros» cette forme d'amour physique et sensuel. L'éros exacerbe nos sens et stimule nos corps et nos esprits. C'est le type d'amour qui nous donne soif de la présence de l'autre, pour stimuler et satisfaire nos désirs sexuels. On peut bien sûr trouver cet amour dans le mariage, mais, si la passion existe sans un amour véritable, la luxure cède la place au dégoût et à la répulsion. Un exemple en est le cas d'Amnon, le fils du roi David, qui éprouva de la haine pour Tamar après l'avoir violée (2 Sam. 13:15).

L'amour véritable
L'amour véritable est différent. Il sous-entend: «Je vois un besoin en toi. Laisse-moi avoir le privilège d'y répondre.» Au lieu

de se servir soi-même, le véritable amour donne aux autres. Il nous motive à aider les autres à atteindre leur plein potentiel dans la vie.

Le plus important, c'est que l'amour véritable n'a pas de conditions à remplir. Il ne dit pas: «Je serai ton ami, si tu es le mien». Il ne dit pas non plus: «Je veux que tu sois ma petite amie parce que tu es belle et que je veux que les gens nous voient ensemble» ou «Je veux être ton ami parce que ta famille est riche». Cet amour-là ne cherche pas à prendre, mais à donner. Vous rappelez-vous de vos flirts de lycéen, quand vous disiez: «Fort bien, je l'aimerai si elle m'aime, mais si elle m'en fait voir de toutes les couleurs, je la quitterai.» L'amour véritable ne pose pas de conditions.

Le degré de maturité d'une relation

La capacité d'aimer sans égoïsme dépend de notre degré de maturité. Les émotions énumérées ci-dessous sont caractéristiques d'un amour immature.
Cochez ceux que vous reconnaissez dans votre vie:
- *La jalousie* qui naît de la peur de perdre une chose ou une personne à laquelle on tient parce qu'elle répond à nos besoins
- *L'envie* qui naît du désir de posséder ce qui appartient à autrui. Nous pensons que nous serons heureux si nous possédons la même chose.
- *La colère* qui est le résultat de la frustration et du bouleversement intérieur que nous éprouvons quand nous ne pouvons dominer les gens ou les événements. Nous ne pouvons obtenir ce qui, à notre sens, devrait nous rendre heureux et nous ne pouvons pas atteindre nos buts.
- *La solitude* qui naît lorsque notre bonheur dépend d'autres personnes.
- *La peur* qui naît lorsque nous avons l'impression qu'on ne répondra pas à nos besoins ou à nos aspirations.

Si vous avez envie de continuer cet exercice, vous devriez faire une liste des incidents qui ont suscité chacun des sentiments que vous avez cochés. Ensuite, demandez-vous: «Pourquoi ai-je eu ce sentiment? Me suis-je concentré sur ce que je pourrais gagner ou perdre dans ma vie?» Tous ces sentiments sont typiques d'un amour immature: désir d'utiliser les autres pour son bonheur personnel, soif de plaisir à tout prix. On retrouve la même immaturité derrière l'abus d'alcool, de drogue et de sexe.

Je crois que plus nous aidons les autres à atteindre leur plein potentiel dans la vie, plus nous nous rapprochons de la maturité. Faire preuve d'un amour dénué d'égoïsme pour que les autres progressent, est la base la plus solide pour construire des relations durables. Comment pouvez-vous vous tromper quand vous faites grandir un amour dont le premier souci est de découvrir les besoins spécifiques de votre femme et d'y répondre?

Comment faire grandir un amour durable et mûr

Quelle est à votre avis la principale pierre d'achoppement dans «l'apprentissage» pour faire grandir un amour durable pour son conjoint? J'ai découvert que c'est l'échec à répondre aux besoins de sa femme *en se mettant à sa place*.

Quand Anne lui dit qu'elle se sentait mal aimée dans certains domaines bien précis, Michel fut abasourdi. «Que veux-tu dire au juste?» lui demanda-t-il. «Eh bien, pendant des années tu as été un mari merveilleux et tu m'as beaucoup aidée, tu as fait beaucoup de choses gentilles pour moi, expliqua-t-elle avec douceur. Cependant, quelquefois, tu fais des choses dont je n'ai pas besoin. Et cela m'aurait fait plaisir que tu découvres ce qui est important pour moi»

La «bonne idée» d'un homme peut produire l'inverse de l'effet espéré. Comme par exemple le jour où je décidai de repeindre la maison pour faire une surprise à ma femme. Ce que je *pensais* être «une bonne idée» ne l'était pas autant pour elle. Bien qu'elle appréciât la nouvelle peinture, elle aurait préféré un nouveau carrelage pour la cuisine. Quand j'ai compris cela, j'ai changé mes projets à temps pour lui acheter un nouveau carrelage. Puis, nous fîmes une liste de ses priorités. Elles étaient bien différentes des miennes!

Faire plaisir aux autres à *notre* façon est une manière d'aimer égoïste et immature. Mon cœur a compassion de ces femmes qui ont reçu pour Noël une table de billard, un billet pour les étangs de pêche ou une invitation pour le bal des automobilistes. Si vous ne l'avez jamais fait, essayez de découvrir ce dont *votre femme* a besoin pour se sentir comblée en tant qu'épouse. Trouvez ensuite la façon de répondre à ses besoins. Beaucoup de femmes se méfient au début. Elles pensent que ces bonnes habitudes ne vont pas durer. Ne vous découragez pas. Une relation durable ne se construit pas en quelques semaines.

Prenons l'exemple de ce mari qui avait assisté à une conférence sur l'amour et le mariage et fit la surprise à sa femme d'une boîte de bonbons et d'une douzaine de roses. «Oh, c'est affreux, dit-elle en pleurant. Le bébé s'est coupé, le dîner a brûlé parce que je n'arrivais pas à me débarrasser d'un représentant, l'évier est bouché ... et maintenant, tu rentres ivre à la maison!» Ne soyez pas surpris si votre femme ne comprend pas vos actions au début. Il a fallu au moins deux ans avant que ma femme veuille bien admettre que j'avais réellement changé. Maintenant, elle sait que j'ai pris l'engagement de passer le restant de ma vie à approfondir notre relation et à répondre à ses besoins.

Apprendre à aimer votre femme de façon mûre peut se comparer au fait d'avoir un jardin potager productif. Si vous avez essayé, vous comprendrez la comparaison. Pendant notre première année dans le Texas, nous décidâmes d'avoir un potager. Après avoir défriché une petite parcelle de terrain, j'y déversai plus d'un demi sac d'engrais et le laissai ainsi pendant trois mois pour être bien sûr d'avoir un jardin florissant. Mais cela tourna mal. Quand les carottes poussèrent, elles étaient un peu brunes aux extrémités. Toutes les tomates commençaient à pourrir à la base avant d'être mûres, aussi nous dûmes les cueillir pendant qu'elles étaient encore vertes. Aucun plant de haricots n'atteignit plus de 10 cm de haut, et nos concombres pourrirent rapidement. Cela me préoccupa vraiment, jusqu'à ce qu'un jardinier me dise que j'avais «brûlé» mes légumes en mettant trop d'engrais. Mes intentions étaient bonnes, mais mon savoir limité. Un mari peut échouer de la même façon, s'il ne sait pas exactement de quelle quantité et de quelle «sorte» de marques d'amour sa femme a besoin. En fait, ce livre a été écrit pour vous donner des lignes directrices précises sur la manière de consolider un mariage.

J'ai vu beaucoup de relations conjugales qui ressemblaient à mon jardin tel qu'il est maintenant: plein de mauvaises herbes – négligé. J'ai souvent pensé que ce serait pratique si les légumes pouvaient parler. Si seulement les haricots avaient pu dire: «Eh toi! Tu as mis beaucoup trop d'engrais dans ce jardin, et nous en souffrons. Les produits chimiques sont mortels pour nous, et si tu n'interviens pas, nous allons tous mourir.» Si mes légumes pouvaient parler, je pourrais avoir le plus beau jardin du monde. Heureusement, ma femme est douée de parole. Je peux lui demander *ce dont* elle a besoin, *en quelle quantité* et à quel moment.

Mesdames, si vous lisez ceci, laissez-moi vous assurer qu'en tant que maris, *nous ne savons généralement pas* ce dont vous avez besoin. C'est pourquoi nous vous demandons de nous aider en nous faisant part de vos besoins – mais sans nous critiquer, car cela pourrait nous rebuter.

Comme le fait de répondre aux besoins de votre femme est la règle d'or d'un mariage réussi, le reste de ce livre traite de cette question.

Les besoins de votre femme

Je crois qu'une femme a besoin d'être en harmonie avec son mari par une relation profonde et intime. Elle a besoin de camaraderie, d'équilibre et d'un sentiment d'unité. Pour que votre femme soit satisfaite, je crois que vous avez besoin de faire un effort constant pour répondre à chacun des besoins expliqués ci-dessous et développés dans les chapitres suivants.

1. Votre femme a besoin de sentir qu'elle est très importante dans votre vie, plus importante que votre mère, vos enfants, vos amis, votre secrétaire et votre travail.
2. Elle a besoin de savoir que vous êtes prêt à un moment d'intimité pour la réconforter, sans lui demander des explications ou lui faire des remontrances.
3. Elle a besoin d'une communication ouverte et sans barrière.
4. Elle a besoin de compliments pour sentir qu'elle représente une part importante dans votre vie.
5. Elle a besoin de se sentir libre de vous aider, sans crainte de réparties mordantes.
6. Elle a besoin de savoir que vous la défendrez et la protégerez.
7. Elle a besoin de savoir que son opinion est si importante que vous discuterez ensemble les décisions que vous prendrez, et que vous agirez seulement après avoir tenu compte de son avis.
8. Elle a besoin de partager avec vous chaque domaine de sa vie – maison, famille et ses intérêts propres.
9. Elle a besoin que vous soyez le genre d'homme sur les traces duquel son fils peut marcher et que sa fille aimerait épouser.

Quand ses besoins sont comblés, une femme se sent plus en sécurité et rayonne de bien-être. Un peu de ce rayonnement rejaillira sur vous, spécialement si vous en êtes la cause.

Trois mises en garde

J'espère que vous tiendrez compte de ces «mises en garde» à chaque chapitre que vous lirez, puisque les idées que je mets en avant sont d'ordre général. Premièrement, discutez – pour chaque chapitre – avec votre femme des points avec lesquels elle est d'accord et avec lesquels elle ne l'est pas. Pensez à elle comme à une fleur. Toutes les fleurs sont belles, mais chacune a besoin d'une certaine quantité de lumière, d'engrais et d'eau pour fleurir. Vous avez besoin de savoir qui elle est vraiment, d'autant plus qu'elle change chaque année. Deuxièmement, après qu'elle vous a fait part de ses besoins, reformulez-les avec vos propres mots jusqu'à ce qu'elle vous dise que vous avez compris. C'est votre responsabilité de découvrir ce que votre femme veut dire quand elle remarque: «Tu as dit que tu serais de retour dans *un petit moment.*» Un petit moment peut signifier trente minutes pour elle, et deux heures pour vous! Troisièmement, il est important de vous rappeler combien vous êtes différents. En général, une femme est naturellement plus sensible que son mari – surtout aux relations. Essayez de comprendre qu'elle sentira, verra et entendra plus de choses que vous. Quand votre femme vous fait une réflexion, laissez celle-ci faire son chemin en vous. Faites un effort pour comprendre sa façon de voir la relation.

La fin de ce chapitre est consacrée à la description de moyens par lesquels vous pouvez aimer votre femme à sa façon. Discutez de cette liste avec elle. Demandez-lui de cocher ceux qui sont significatifs pour elle, et classez-les par ordre d'importance – toujours avec ses critères à elle. Prenez cette liste comme base pour apprendre à connaître sa façon de voir. Je sais qu'en apprenant à vous servir de ces suggestions, votre relation se fortifiera de façon notoire.

1. Communiquez avec elle; ne l'excluez pas.
2. Considérez-la comme importante.
3. Faites tout votre possible pour comprendre ses sentiments.
4. Intéressez-vous à ses amis.
5. Demandez-lui souvent son opinion.
6. Prenez en considération ce qu'elle dit.
7. Faites en sorte qu'elle sente votre approbation et votre affection.
8. Protégez-la chaque jour de façon concrète.
9. Soyez tendre et doux avec elle.
10. Apprenez à avoir le sens de l'humour.
11. Evitez les changements importants et soudains sans en avoir au préalable discuter avec elle et sans lui donner le temps de s'y préparer.
12. Apprenez à répondre ouvertement et verbalement quand elle veut communiquer.

13. Réconfortez-la quand elle est déprimée. Mettez vos bras autour d'elle et tenez-la contre vous pendant quelques secondes sans lui faire de «discours» ou sans la rabaisser.
14. Intéressez-vous à ce qui est important pour elle dans la vie.
15. Corrigez-la gentiment et avec tendresse.
16. Permettez-lui de vous enseigner sans que vous soyez sur la défensive.
17. Prévoyez de passer du temps avec elle et avec vos enfants.
18. Soyez digne de confiance.
19. Faites-lui souvent des compliments.
20. Soyez créatif dans votre façon de lui exprimer votre amour, que ce soit par des mots ou des actes.
21. Ayez, chaque année, des objectifs précis pour votre famille.
22. Laissez-la acheter les choses qu'elle juge nécessaires.
23. Pardonnez-lui quand elle vous offense.
24. Montrez-lui que vous avez besoin d'elle.
25. Acceptez-la telle qu'elle est; prenez conscience qu'elle est un être unique – et donc précieuse.
26. Admettez vos erreurs; n'ayez pas peur d'être humble.
27. Amenez votre famille à avoir une relation avec Dieu.
28. Permettez à votre femme d'échouer; discutez de ce qui a causé l'échec après l'avoir réconfortée.
29. Aidez-la à se détendre après une rude journée.
30. Prenez du temps pour vous asseoir ensemble et parler calmement.
31. Faites des sorties «en amoureux».
32. Écrivez-lui de temps en temps une lettre pour lui dire combien vous l'aimez.
33. Faites-lui la surprise d'une carte ou d'un bouquet de fleurs.
34. Exprimez-lui votre appréciation.
35. Dites-lui combien vous êtes fier d'elle.
36. Donnez-lui des conseils avec amour quand elle vous le demande.
37. Défendez-la contre les autres.
38. Préférez-la aux autres.
39. Ne vous attendez pas à ce qu'elle fasse des activités dépassant ses possibilités physiques ou émotionnelles.
40. Priez pour que Dieu ait la première place dans sa vie.

41. Prenez du temps pour remarquer ce qu'elle a fait pour vous et pour la famille.
42. Vantez ses mérites auprès d'autres personnes.
43. Partagez vos pensées et vos sentiments avec elle.
44. Parlez-lui de votre travail si cela l'intéresse.
45. Prenez le temps de savoir comment elle passe sa journée, que ce soit au travail ou à la maison.
46. Apprenez à aimer ce qu'elle aime.
47. Occupez-vous des enfants avant le dîner.
48. Aidez-la à mettre de l'ordre dans la maison avant les repas.
49. Laissez-la prendre un bain pendant que vous faites la vaisselle.
50. Comprenez quelles sont ses limites physiques (surtout si vous avez plusieurs enfants).
51. Disciplinez vos enfants avec amour et non sous l'effet de la colère.
52. Aidez-la à réaliser son objectif – que ce soit un passe-temps ou des études.
53. Traitez-la comme si Dieu avait inscrit sur son front, «A manier avec précaution. Objet fragile».
54. Débarrassez-vous des habitudes qu'elle n'aime pas.
55. Soyez gentil et plein de prévenance envers sa famille.
56. Ne comparez pas sa famille à la vôtre en termes négatifs.
57. Remerciez-la pour les choses qu'elle a faites sans rien attendre en retour.
58. Ne vous attendez pas à ce qu'elle vous remercie expressément chaque fois que vous l'aidez à nettoyer la maison.
59. Assurez-vous qu'elle comprend tout ce que vous prévoyez de faire.
60. Ayez des petites attentions pour elle – un baiser, le petit-déjeuner au lit, etc.
61. Traitez-la en égale sur le plan intellectuel.
62. Soyez compréhensif si elle souhaite que vous la traitiez comme physiquement plus faible.
63. Découvrez quelles sont ses peurs.
64. Voyez ce que vous pouvez faire pour éliminer ses peurs.
65. Découvrez ses besoins sexuels.

66. Demandez-lui si elle veut discuter de la façon dont vous pouvez répondre à ses besoins sexuels.
67. Trouvez ce qui lui donne un sentiment d'insécurité.
68. Faites des projets d'avenir.
69. N'ayez pas de querelles à propos des mots employés, mais essayez plutôt de comprendre le sens caché derrière les mots.
70. Soyez galant, tenez-lui la porte, versez-lui son café.
71. Demandez-lui si dans le domaine sexuel vous l'avez blessée d'une façon quelconque.
72. Demandez-lui si elle est jalouse de quelqu'un.
73. Demandez-lui si elle est mal à l'aise sur la façon dont l'argent est dépensé.
74. Sortez avec elle de temps à autre.
75. Tenez-lui la main en public.
76. Mettez votre bras autour d'elle en présence de vos amis.
77. Dites-lui, au moins une fois par jour, que vous l'aimez.
78. Souvenez-vous des anniversaires de mariage, des anniversaires et d'autres occasions spéciales.
79. Apprenez à aimer faire des achats avec elle.
80. Apprenez-lui à chasser, pêcher ou quoi que ce soit que vous aimez faire.
81. Faites-lui un petit cadeau de temps en temps.
82. Partagez les responsabilités domestiques.
83. Ne méprisez pas ses caractéristiques féminines.
84. Laissez-la s'exprimer librement, sans crainte d'être traitée de personne stupide ou illogique.
85. Choisissez soigneusement vos mots, spécialement quand vous êtes en colère.
86. Ne la critiquez pas en présence d'une tierce personne.
87. Ne lui laissez pas voir que d'autres femmes vous plaisent, si cela l'insécurise.
88. Soyez sensible aux autres.
89. Montrez à votre famille que vous voulez passer du temps avec elle.
90. Préparez le dîner à sa place de temps en temps.
91. Soyez compréhensif quand elle est malade.
92. Prévenez-la quand vous risquez d'être en retard.

93. N'ayez pas de désaccord devant les enfants.
94. Emmenez-la dîner ou en week-end.
95. Faites des «petites choses» qui lui font plaisir de temps en temps.
96. Laissez-lui des moments pour être seule ou avec ses ami(e)s.
97. Achetez-lui ce qu'elle considère être un cadeau intime.
98. Lisez un livre qu'elle vous recommande.
99. Écrivez-lui un poème pour lui dire combien elle vous est chère.

Si votre femme continue à réagir négativement, il se peut qu'elle se sente menacée dans un ou deux domaines importants:
1) sa sécurité
2) ses relations établies.

Réflexion personnelle

1. Qui, d'après Jésus, est le plus grand dans son royaume (Matthieu 20:25-28)?
2. Si nous désirons penser comme Christ, il nous faut considérer les points suivants:
   - Quelles étaient ses pensées (Philippiens 2:5-8)?
   - Que pensait Paul sur le même sujet (Philippiens 2:17, 22, 25)?
3. Si un mari doit aimer sa femme comme Christ aime l'Eglise, définissez comment Christ aime l'Eglise (Ephésiens 5:25-27, 29)?

3
Si votre femme n'occupe pas la première place, vous êtes perdant

«Car là où est ton trésor, là aussi sera ton cœur»
(Matthieu 6:21).

J'ai eu récemment l'occasion de m'entretenir avec des femmes mariées d'un groupe de majorettes, supporters d'une équipe de football. J'ai réalisé que dans bien des domaines elles ont des problèmes semblables à ceux des autres femmes mariées. Une des majorettes me dit que sa plus grande déception était de savoir qu'elle n'est pas la personne la plus importante dans la vie de son mari. «Même notre chien a plus d'importance que moi, dit-elle. Mon mari rentre à la maison, joue avec lui, alors que toute son attitude envers moi se résume à me demander quand le dîner sera prêt», soupira-t-elle.

L'amour qu'une femme éprouve pour son mari se trouve diminué quand il commence à préférer d'autres activités ou d'autres gens. Bien souvent, il ne se rend pas compte combien ses «mauvaises» priorités nuisent à sa femme et à leur relation. Pour qu'un mariage puisse s'épanouir, une femme a désespérément besoin de savoir qu'elle a une place toute spéciale dans le cœur de son mari. Beaucoup de maris sont choqués quand leurs femmes les quittent sans raison, après 20 ou même 30 ans de mariage. Ils ont l'impression d'avoir pourvu à tout ce qu'elles pouvaient humainement désirer – une belle maison, une voiture, assez d'argent pour élever les enfants. Cependant, ce n'était pas encore assez. Pourquoi? Parce qu'une femme a besoin de beaucoup plus que de ces choses matérielles.

J'ai rencontré des hommes d'affaires pleins de ressources pour gagner des sommes importantes grâce à leurs talents et dont les employés sont satisfaits du respect et de l'attention qu'il leur témoigne. N'est-il pas ironique que de tels hommes puissent rentrer à la maison, le soir, sans savoir comment utiliser ces mêmes principes dans leur relation conjugale? Serait-ce que le plus important pour eux se termine lorsqu'ils quittent le bureau? A son insu, un mari peut faire comprendre à son épouse que d'autres personnes ou d'autres activités sont plus importantes pour lui que sa propre femme. Avez-vous jamais entendu parler des veuves du football? Qu'il soit question de golf ou de tennis, des activités d'un club, votre femme et votre bonheur conjugal souffriront si le plus clair de votre temps et de vos efforts sont dirigés vers d'autres centres d'intérêts, lui laissant seulement des «restes» bien froids. Une femme peut se sentir moins importante, en comparant simplement le temps que son mari passe avec elle et celui qu'il passe ailleurs. Les femmes remarquent comment nos yeux brillent et comment toute notre personnalité est transformée, lorsque nous sommes excités à l'idée d'aller à la pêche ou à la chasse ou de participer à toute autre activité. Si votre femme ne voit pas cette même étincelle quand vous êtes avec elle, elle éprouve un sentiment d'échec, parce qu'elle sent qu'elle n'est pas aussi attirante pour vous que vos activités ou vos amis. Cela peut être destructeur pour le sentiment de sa valeur personnelle. Ma propre femme fut pour moi l'illustration de ce concept si important pendant notre cinquième année de mariage. J'arrivai à la maison pour déjeuner et la trouvai devant l'évier de la cuisine, nullement intéressée à parler quand j'essayai d'engager la conversation avec elle. Dans un moment de lucidité, je réalisai que l'atmosphère était à l'orage. Je me souvins de sa froideur à mon égard les jours précédents – ce que j'avais par erreur attribué à «un problème hormonal». «Y-a-t-il quelque chose qui ne va pas entre nous?» lui demandai-je. «Ça n'a pas d'importance. De toute façon tu ne comprendrais pas», répondit-elle.

«C'est curieux, mais je n'ai pas envie de retourner à mon travail maintenant. Je vois qu'il y a un sérieux problème. Est-ce que tu ne voudrais pas que nous en parlions? Je ne suis pas sûr de savoir ce que j'ai fait de mal». «Même si je te le disais, ou bien tu ne comprendrais pas, ou bien tu ne voudrais pas changer, alors à quoi cela rime-t-il? N'en parlons plus. Cela me fait trop mal. Cela me décourage et me déçoit quand tu dis que tu vas faire quelque chose et que tu ne le fais pas.» Je résistai gentiment, lui disant que j'aurais aimé qu'elle m'explique, que je ne comprenais vraiment pas. Finalement, elle put me dire quels actes, au cours de ces cinq dernières années, avaient dressé une barrière infranchissable entre nous et m'amenaient à violer un important principe biblique.

«Tu ferais mieux d'aller travailler ou d'être avec tes amis, ou bien de conseiller des gens plutôt que de passer du temps avec moi», dit-elle. Je lui demandai de s'expliquer. «Lorsque quelqu'un téléphone alors que nous avons déjà projeté de faire quelque chose, tu dis à chaque fois: ‹Laissez-moi vérifier avec ma femme si je peux remettre nos plans à plus tard›. Je n'arrive pas à croire que tu refasses toujours la même chose.» Je lui expliquai combien il était plus facile pour moi de la «décommander», elle, plutôt que de dire non à d'autres personnes. «Et que se passe-t-il lorsque je prépare un dîner, et même quelquefois un dîner aux chandelles? Tu rentres à la maison ou tu téléphones pour dire que tu as d'autres projets. Tu repars avec d'autres personnes comme si je n'existais pas, comme si cela t'était égal que je fasse un effort spécialement pour toi». Elle continua: «Je m'en fiche maintenant. Je ne veux même plus rien faire pour toi. Tu m'as déçue si souvent que je ne peux plus le supporter émotionnellement». Elle m'aida à réaliser que, bien que j'aie toujours du temps pour quelqu'un qui avait besoin de conseil, je ne faisais aucun effort pour passer du temps avec elle. Et quand je le faisais, ce n'était pas avec la même concentration, ou le même enthousiasme.

J'écoutai, tandis qu'elle me révélait ses sentiments les plus profonds. Je ne savais réellement pas que faire, et je n'étais pas sûr d'être capable de changer. Mais je pouvais comprendre ses griefs. Je l'avais négligée et blessée par mes façons d'agir sans amour. Cependant, même lorsque je tombai d'accord avec elle, elle resta fermée, et je sus qu'elle avait abandonné.

Elle m'aida à découvrir comment j'avais violé le principe énoncé dans 1 Pierre 3:7, et depuis lors j'ai réalisé que c'est la pierre angulaire de toute relation: «*Honorez-la*». Dans son sens premier «honorer» signifie attacher une grande valeur, de la dignité, de l'importance à une personne ou à une chose. Norma se sentait moins importante que mon emploi ou mes activités. Sans m'en rendre compte, je ne l'honorais pas comme la personne la plus importante dans ma vie, après ma relation avec Christ.

«Peux-tu me pardonner la façon dont je t'ai traitée? demandai-je, je veux changer. J'ai vraiment l'intention de changer». «Pour sûr, j'ai déjà entendu cette chanson-là auparavant!» dit-elle sceptique. Je ne savais pas combien de temps cela me prendrait de changer. Mais je savais que la prochaine fois qu'une personne appelerait juste avant le dîner, je demanderais: «Est-ce une urgence ou pouvons-nous voir cela demain?» Je devais lui montrer que j'étais sérieux, que je voulais vraiment répondre à ses besoins en premier lieu.

Je *voulais* lui dire qu'elle était la personne la plus importante dans ma vie, et vraiment ressentir les choses de cette façon. En essayant de faire qu'il en soit ainsi, je commençai bientôt à *sentir* qu'elle était la priorité des priorités. Les pensées et les actes suivent les sentiments: le sentiment d'amour vrai que j'ai pour Norma s'éveilla en moi et grandit après que j'eus mis ma femme à la première place. Pendant les deux premières années où j'essayai de vivre ces principes, mon orgueil fut brisé, mon égo mis en miettes, et mes sentiments blessés par de nombreux échecs qui m'éloignaient de l'harmonie conjugale. Parce que je m'y efforçais de tout mon cœur, Norma finit par croire que je voulais vraiment changer. Mais cela prit deux ans pour la convaincre.

J'appris grâce à Norma et d'autres épouses que les femmes ont besoin de voir des actes concrets et non d'entendre de belles promesses. Laissez à votre femme le temps de vous voir vous attaquer à la montagne si elle ne croit pas ce que vous avez dit au début. Montrez-lui que vous apprenez à escalader les falaises et sauter par-dessus les crevasses. Plus nous leur montrons notre amour en tant que maris, plus nous devenons crédibles à leurs yeux. Bientôt, elles se joindront à nous pour grimper main dans la main vers le but à atteindre: un mariage rempli d'amour. J'ai exprimé mon amour à Norma de la meilleure façon possible lorsque j'ai commencé à lui accorder une plus grande valeur. Elle a pour moi plus de valeur que quoi que ce soit d'autre sur cette terre – et elle le sait.

La preuve dont une femme a besoin avant de pouvoir croire son mari

Une femme a besoin de voir un changement dans au moins trois domaines avant de croire que son mari s'engage à changer.
1. *Ecouter avec attention sans essayer de se justifier ou de discuter.*

Pouvez-vous imaginer un mari capable de justifier tout ce qu'il a fait dans le but de blesser sa femme? Luc pensait qu'il le pouvait. Sa femme et lui ne pouvaient se parler plus de 15 minutes sans que le ton monte. Inévitablement, par ses déductions logiques, il concluait que c'était de sa faute à elle.

En fin de compte, Luc dit à Catherine qu'il voulait réellement changer et l'aimer. Quelques heures plus tard elle suggéra qu'ils prennent quelques jours de vacances, juste tous les deux, pour réapprendre à se connaître. «Tu veux rire, répondit-il, piétinant son espoir d'arriver à une meilleure entente. Tu veux que je paie le loyer et un hôtel en même temps?» La discussion se transforma en querelle qui conduisit à d'autres querelles à mesure que les mois passaient, jusqu'à ce que leur relation se détériorât complètement et que finalement elle le quittât. Il avait refusé de tenir compte de ses besoins et l'avait finalement perdue.

Il est souvent difficile à un homme de converser avec sa femme sans contester la signification des différents mots qu'elle emploie pour expliquer ce qu'elle ressent en elle-même. Si un mari essaie de comprendre ce que sa femme veut dire au lieu de s'arrêter sur les mots employés, les discussions houleuses seront moins nombreuses. Je connais un homme qui trouve presque impossible de le faire. Quand sa femme utilise des phrases telles que: «Tu ne fais jamais ceci» ou «Tu fais *toujours* cela», il répond invariablement: «Non, chérie, je ne fais pas toujours cela». Ou bien il commence à analyser ce qu'elle a dit pour lui prouver qu'elle se trompe. Et en moins de 10 minutes, les voilà repartis pour une nouvelle discussion. Pour communiquer, il est essentiel d'aller *au-delà* des mots et de rechercher le vrai sens de ce qui est dit.

Le sens n'est pas dans le mot, il est dans la personne. Chacun a sa définition propre d'un mot donné. Nous donnons un sens aux mots en fonction de nos expériences vécues qui sont uniques. Aussi, quand nous tentons de communiquer avec une autre personne, nous utilisons les mots qui, d'après nous, traduisent le plus précisément nos pensées. Par exemple, dans ce livre, il est possible que j'utilise des mots que vous aimez ou des mots qui vous irritent. Vous pouvez même être indifférent aux mots que j'emploie, parce que vous avez d'autres références ou que mes définitions sont différentes des vôtres. C'est pourquoi j'essaye d'illustrer tous les points importants que j'expose en cherchant un point de référence commun. Si nous pouvons cesser de justifier nos actions et arrêter de discuter au sujet des mots utilisés, nous pouvons arriver au cœur du sujet. Nous pouvons essayer de reformuler ce que dit notre femme jusqu'à ce qu'elle confirme que nous avons saisi ce qu'elle voulait dire. «Est-ce bien ce que tu veux dire, chérie?» ou «C'est bien ce que j'ai entendu?» Evitez à tout prix les questions sarcastiques telles que: «Est-ce que c'est cela que tu n'arrives pas à dire?» Une relation embryonnaire entre un homme et une femme peut être stoppée dans sa croissance par une attitude de supériorité masculine.

2. *Être prêt à admettre l'erreur*

D'innombrables épouses m'ont dit comment leurs relations familiales ont été affectées par le refus du père ou de la mère à admettre ses erreurs. Le mari pense parfois qu'admettre ses erreurs est un signe de faiblesse, mais c'est le contraire qui est vrai. Rappelez-vous les moments où quelqu'un reconnaissait qu'il avait mal agi envers vous. Votre respect pour cette personne a probablement augmenté et non diminué.

Un de mes amis m'a parlé du jour où il avait fait une réflexion raciste à l'un de ses associés. Cet homme se sentit blessé: cependant ils n'en discutèrent pas. Mon ami partit avec un sentiment de malaise et de culpabilité à propos de ce qu'il avait dit. Avant d'avoir atteint sa maison, il rebroussa chemin pour aller trouver cet homme. En entrant dans la pièce, il dit: «Il y a quelques minutes, j'ai été très blessant. Je sais que j'ai mal agi et je suis venu te demander pardon.» L'homme en tomba presque à la renverse: bien sûr qu'il lui pardonnait! Je suis certain que son respect pour mon ami grandit. Le fait d'admettre ses erreurs a des résultats positifs. Quand un mari admet qu'il a blessé sa femme, elle se sent mieux par le simple fait de savoir qu'il comprend. Le fait d'admettre qu'il a mal agi a pour résultat un mariage beaucoup plus solide.

3. Être patient si la femme a du mal à croire que son mari a changé
Comment agir si vous avez fait tout ce qui est en votre pouvoir pour montrer à votre femme qu'elle a la première place dans votre vie, et qu'elle ne croit toujours pas que vous avez changé? Baissez-vous les bras, dégoûté, ou essayez-vous de la persuader avec douceur pendant encore un temps? J'espère que vous choisissez la dernière solution. Ce n'est pas du jour au lendemain qu'elle a perdu le respect qu'elle avait pour vous au début du mariage et vous ne pouvez pas espérer la reconquérir en un jour. Montrez-lui que quel que soit le temps nécessaire vous voulez gagner son respect.

Deux raisons pour lesquelles une femme peut passer au second plan dans la vie de son mari

Pour quelle raison un homme revient-il à la maison après son travail, prend dans ses bras son jeune fils et le câline sans même saluer sa femme? Comment un homme peut-il aller tout droit au garage pour y commencer un travail sans même faire savoir à sa femme qu'il est rentré? Pourquoi un homme perd-il son affection et son enthousiasme à l'égard de sa femme après le mariage? Je pense qu'il y a deux raisons essentielles:
1) Avant le mariage un homme courtisera une femme et la charmera par des mots, des fleurs ou en faisant tout ce qui est en son pouvoir pour la conquérir. Après le mariage, il pense que c'est chose acquise. Elle est à lui, donc il n'a pas à maintenir le même niveau d'enthousiasme et de créativité qu'auparavant. Elle lui appartient émotionnellement et socialement.

Le mari peut se dire: j'ai ma femme. Maintenant il faut que je réussisse dans mon travail ... que je devienne un meilleur footballeur ... que je fonde une famille ... Chacune de ces activités étant considérée comme une nouvelle conquête à faire, une nouvelle expérience.

2) Tout paraît doux à un homme affamé, mais quand il est rassasié, il foule même le miel aux pieds (voir Prov. 27:7). Au sens propre, un homme est comblé quand il se marie parce que sa femme devient alors une partie de lui-même. Il croit qu'il la connaît à fond – spirituellement, mentalement et physiquement. Il peut avoir l'impression qu'il ne lui reste rien à connaître à son sujet. Il est satisfait, et donc, a tendance à rechercher de nouvelles «frontières» potentielles.

Il est sain pour un homme et une femme d'allumer une étincelle dans leur relation en restant une sorte de défi pour l'autre. Je me souviens que ce fut le facteur déterminant qui motiva mon attirance pour Norma. Nous nous rencontrions occasionnellement depuis trois ans, quand j'entendis dire qu'elle commençait à avoir une relation sérieuse avec quelqu'un d'autre. A ce moment-là, je crus que j'allais la perdre et je mis toute mon imagination à restaurer notre relation. Mais comme beaucoup d'hommes, je me focalisai bientôt sur d'autres conquêtes telles que les études et ma carrière. A partir du moment où ce ne fut plus une priorité de gagner son affection, je me contentais «d'huiler» le rouage qui grinçait le plus. Je pense que lorsqu'une femme reste en quelque sorte un défi pour le mari, son intérêt reste éveillé. Il ne s'agit pas de jouer à la femme mystérieuse; il s'agit plutôt pour elle d'acquérir plus de confiance en elle-même. C'est faire savoir à son mari qu'elle n'est pas totalement dépendante de lui, qu'il y a d'autres domaines qui la satisfont, tels que sa relation avec Dieu.

Comment gagner l'amour de votre femme et bien plus encore

Votre femme a besoin de savoir que vous préféreriez sa compagnie, si vous aviez à choisir entre une soirée avec vos amis ou avec elle. De même, si vous aviez à choisir entre vos enfants et elle, elle a besoin de savoir qu'elle aurait la préférence. Elle a besoin de savoir qu'elle est le numéro 1. Quand elle saura qu'elle a la première place dans votre vie, elle vous encouragera à faire les activités que vous aimez. Par exemple, je suis pendant six semaines éloigné de ma femme et de mes enfants pour écrire ce livre. Il y a quelques années, ma femme aurait éte écrasée par la simple suggestion d'une si longue séparation. Cependant, aujourd'hui, elle est tout aussi enthousiaste que moi parce qu'elle sait que je vais réaliser notre rêve d'écrire nos convictions profondes sur le mariage. Cependant, elle sait que je préférerais être avec elle plutôt qu'avec ma machine à écrire et mon éditeur.

Donner la priorité à votre femme ne vous retient pas à la maison – au contraire, cela vous libère de la crainte de rentrer chez vous. «Pourquoi ne me laisses-tu pas aller seule à cette réunion ce soir, de façon à ce que tu puisses aller au match de basket?» dit Marie. Sa suggestion fut une agréable surprise pour son mari. Peu de temps auparavant, ils avaient eu un désaccord à propos de son appétit insatiable pour le basket-ball. En fait, ils pensaient à la séparation, parce qu'il ne savait, ni ne pouvait traiter Marie comme il convenait de le faire, et elle n'avait pas la force de continuer à vivre avec lui et de l'aimer. Aujourd'hui il la fait toujours passer avant son travail, ses activités, etc. Et Marie est maintenant libre de l'encourager à se tourner vers ses centres d'intérêt, sachant qu'elle est la première sur sa liste de priorités.

Ma femme m'encourage aussi à me livrer à mes passe-temps favoris (que sont la pêche et la chasse), car elle est sûre d'avoir une position importante dans ma vie. En cas d'urgence, elle sait que mon premier souci serait de prendre soin d'elle et des enfants et non de faire des activités qui me plaisent.

Plus une femme se sent importante dans le cœur de son mari, plus elle l'encourage à se livrer à des activités qu'il apprécie.

Demandez-vous si votre femme a plus d'importance pour vous que d'autres choses dans votre vie.
Pour vous aider à le savoir, complétez le questionnaire ci-dessous :
Faites d'abord la liste de vos distractions favorites :

....
....
....

Qu'aimeriez-vous faire après votre travail ?

Lundi ....

Mardi ....

Mercredi ....

Jeudi ....

Vendredi ....

Samedi ....

Où aimez-vous passer vos vacances ?

....
....

Maintenant, examinez ces trois listes et demandez-vous :
«*Y-a-t-il sur ces listes une occupation qui passe avant ma femme ?*»

S'il en est ainsi, il y a des chances pour que vous ayez déjà montré à votre femme que vos activités ont plus d'importance qu'elle, bien que vous ne l'ayez jamais formulé. Une femme a une perception si aiguisée qu'elle sait ce qui se passe dans votre cœur sans que vous l'exprimiez. Mais il n'est pas trop tard pour changer.

Votre femme peut détecter si vous êtes sincère

Un homme prend généralement soin de ce qui a une grande valeur à ses yeux. Jésus a dit: «Là où est ton trésor, là aussi sera ton cœur» (Matthieu 6:21). Si votre passe-temps favori est la pêche, vous hésiterez probablement à prêter votre attirail de pêche. Si vous aimez la chasse, vous savez sans doute comment huiler soigneusement et faire reluire les armes à feu. Selon le temps que vous consacrez à chaque activité, votre femme sent ce qui est le plus important pour vous. Si elle sent qu'elle a moins d'intérêt pour vous que vos autres activités, elle saura qu'elle n'est pas si importante que cela. Cette impression brisera sa confiance en elle-même et pourra se traduire par des troubles aussi bien physiques qu'émotionnels. Les émotions refoulées peuvent faire surface des années plus tard sous la forme de problèmes de santé. Cependant, certains maris se sentent menacés à l'idée de traiter leur femme de façon spéciale. Ils pensent qu'ils perdraient amis, carrière et passe-temps. Ils croient à tort que s'ils abandonnent leurs autres activités pour passer du temps avec leur épouse, ils devront y renoncer pour toujours. Souvenez-vous que lorsqu'une femme sent qu'elle a la place la plus importante, elle se réjouit que son mari puisse se livrer à ses activités favorites.

Comment j'ai regagné l'amour de ma femme

Après dix ans de mariage, j'ai eu l'impression que je réussissais enfin dans ma profession. J'avais le privilège de représenter régulièrement diverses organisations dans notre ville et dans tout le pays. Nous avions une belle maison et deux enfants. Que désirer de plus? C'est à ce moment que survint, à mon avis, une «catastrophe». Norma devint enceinte de notre troisième enfant. Cela ne m'enthousiasma guère. J'étais déprimé rien qu'à l'idée que notre plus jeune était sorti des couches depuis seulement deux ans. Je commençais juste à prendre plaisir à être avec mes enfants, et l'idée d'un nouveau-né dans la maison me terrassait presque.

J'essayais d'être gentil avec Norma, mais je ne pouvais cacher mon dépit. Je craignais de ne plus pouvoir voyager autant et de perdre une position prestigieuse dans mon entreprise. Ma charge de travail augmentait à mesure que les mois passaient, et j'avertis ma femme que je ne serais pas en mesure de l'aider avec les enfants à cause de mes obligations professionnelles. Même le jour de la naissance de mon fils, je m'inquiétais des difficultés supplémentaires qu'il ajouterait à la réalisation de mes rêves professionnels.

La santé de Norma ne fut pas bonne la première année après la naissance de notre fils, à cause des longues veilles et de la responsabilité de prendre soin des deux autres enfants. Notre bébé dut être opéré et était souvent malade, ajoutant à sa fatigue. Comme je fus cruel durant cette année-là! Quand le bébé pleurait la nuit ou réclamait des soins particuliers, je m'empressais de rappeler à Norma que c'était son enfant: elle avait voulu un autre enfant, pas moi.

Une année passa de cette façon jusqu'à ce que Norma me dise enfin: «Je n'en peux plus. J'aurais aimé avoir la force physique et émotionnelle de prendre soin des enfants, de les corriger et de les élever, mais c'est impossible avec un père absent la majeure partie du temps.»

En fait Norma en était à une nouvelle étape de sa vie spirituelle, réalisant que son hostilité à l'égard de mon emploi du temps était une rébellion à ce que disent les Ecritures dans Romains 8:28 – Dieu peut faire concourir toutes choses au bien de ceux qui l'aiment et qui sont appelés selon son dessein bienveillant. Elle n'avait jamais remercié Dieu pour mon emploi du temps, ni demandé qu'il le transforme en bien pour elle. Avec ses responsabilités supplémentaires, elle «craqua» devant Dieu et confessa qu'elle ne pouvait pas continuer à se battre contre mon emploi du temps. Ce nouveau calme de sa part me motiva grandement (ainsi qu'il en est fait mention dans 1 Pierre 3: 1-6). Elle n'exigeait rien. Elle n'était pas en colère. Elle me faisait simplement part d'une réalité: elle n'en pouvait plus. Je pouvais lire *l'urgence et le calme* sur son visage et je me rendis compte qu'elle avait désespérément besoin de mon aide. Je me trouvais face à une décision majeure: devais-je aller voir mon patron et lui demander un autre travail dans la firme? Demander un travail qui me permettrait de passer plus de temps avec ma femme et mes enfants? C'était un combat intérieur, parce que je savais que j'aurais un emploi moins prestigieux. Je voyais que je devais sacrifier une partie de ma carrière. Intérieurement j'avais de la rancune à l'égard de ma femme et de mon fils à cause de leur fragilité; mais j'acceptai. Avec nervosité et embarras, j'allai voir le directeur pour lui expliquer que j'avais besoin d'être plus disponible pour ma famille. «Serait-il possible d'obtenir un poste qui me permette de rester davantage chez moi?» Mon patron m'accorda de bonne grâce un autre emploi. Mais pour moi, ce nouveau poste était un déclassement. Je devais faire un travail pour lequel j'avais formé mes subordonnés quelques semaines auparavant. Quelle gifle monumentale!

Je fus découragé pendant un moment, mais bientôt je m'intéressai à ma vie de famille. En fait, j'attendais avec impatience 5 heures de l'après-midi. Nous commençâmes à faire plus de choses en famille: du camping et d'autres activités que nous aimions. Avant peu, un amour neuf refleurit entre Norma et moi. Elle retrouva une meilleure santé, ce qui la rendait plus gaie et plus ouverte. Sans que j'insiste, elle abandonna certaines habitudes que je n'aimais pas. Ce qui m'avait semblé être un «grand sacrifice» devenait chaque jour plus dérisoire en comparaison à la richesse croissante de notre relation. Après quelques mois, on me donna un autre poste dans la société que j'appréciai encore plus que celui auquel j'avais renoncé. Pendant ce temps, Norma se sentait si sécurisée par ma présence qu'elle n'éprouvait pas de ressentiments à l'égard de ce nouvel emploi et des déplacements qu'il impliquait. J'avais accepté et abandonné au début, mais j'étais gagnant à long terme! C'est exactement la façon dont Christ explique le principe de l'échange dans Marc 8:34-37.

Et même maintenant, lorsque je demande à mon fils Michael: «Pourquoi es-tu tellement cher dans le coeur de papa?» il répond: «C'est parce que je t'ai ramené vers maman et la famille».

Les conséquences lorsque votre femme comprend qu'elle a du prix à vos yeux

Un jour, Christiane étonna son mari par son désir de relations sexuelles. Comment Richard l'avait-il motivée? Par une simple phrase: il se préparait à aller au travail ce matin-là, pressé parce qu'il était légèrement en retard, quand il entendit Christiane se plaindre d'un mal de tête de plus en plus violent et de douleurs dans la nuque. «Laisse-moi te masser la nuque», offrit-il. «Non, tu n'as pas le temps; tu dois aller travailler», répondit-elle. Sa réponse habituelle aurait été: «Bon, tu as raison: je ne veux pas être en retard. Mais j'espère que ça va s'arranger. Prends un aspirine». Ce matin-là, il lui dit: «Tu sais, je préfère rester avec toi: laisse-moi voir». Comme il massait doucement ses muscles tendus, il continua: *«Le travail peut attendre ... Pour moi, tu es plus importante que mon travail».* Elle fut vraiment touchée de cette attitude et encouragée par sa sensibilité et sa douceur.

En tant qu'hommes, nous ne sommes pas conscients de «l'effet» que nous provoquons chez nos épouses, quand nous sommes doux et tendres et que nous leur prouvons notre dévouement. Voulez-vous vivre un mariage plus heureux? C'est possible! Il suffit d'aimer votre femme plus que personne au monde et plus qu'aucune de vos activités favorites. Voici quelques questions que vous pouvez poser à votre femme pour entamer une discussion sur ses véritables sentiments quant à la place qu'elle tient dans votre vie:

1. As-tu l'impression d'être la personne la plus importante dans ma vie?
2. Y-a-t-il des activités dans ma vie qui semblent te faire ombrage?
3. Y-a-t-il des choses que je puisse faire, qui seraient pour toi la preuve de l'importance que tu as à mes yeux?

Souvenez-vous que plus vous travaillez à construire une relation saine, plus vous serez heureux dans votre mariage. Si vous changez une de vos activités habituelles parce que vous voulez enrichir votre relation, vous pouvez croire au début que vous abandonnez votre passe-temps favori. Mais en fin de compte, vous n'aurez pas seulement un mariage plus harmonieux, vous vous sentirez plus libre de jouir de la vie. Aujourd'hui, je ne voudrais pour rien au monde échanger l'amitié profonde qui me lie à Norma. Je découvre que plus une femme a de l'importance pour son mari, plus elle l'aide à profiter de la vie.

Comment l'amour d'un mari permit à son épouse d'échapper à l'internement psychiatrique

Le psychiatre proposait que sa femme soit admise à l'hôpital psychiatrique. Le mari était suffoqué et troublé, mais ne savait pas comment lui venir en aide. Il chercha conseil auprès de l'aumônier qui lui conseilla de prendre sa femme dans ses bras et de la laisser lui dire ce qui la tourmentait.

Il accepta avec beaucoup de réticences. Il était blessé de l'entendre dire comment, à cause de lui, leur mariage se détériorait. Alors qu'elle épanchait son cœur, le téléphone sonna, et il se sentit «sauvé» par cet appel. Elle était en colère à l'idée qu'il ne reviendrait probablement pas. Mais la conversation qu'elle surprit lui permit d'échapper à la dépression. Après la conversation téléphonique, elle retourna s'installer calmement sur ses genoux. Qu'avait dit cet officier à son supérieur? Simplement ceci: «Mon commandant, quelqu'un d'autre pourrait-il prendre la relève à ma place ce soir? Je suis dans une discussion capitale avec ma femme.» Cet officier avait ainsi commencé à prouver à sa femme qu'elle avait beaucoup de valeur pour lui. Grâce à cela, son état mental se stabilisa.

Réflexion personnelle

1. Quel est le sens premier du mot «honorer» (1 Pierre 3:7)?
2. Comment vos sentiments pour votre femme peuvent-ils s'approfondir (Matthieu 6:21)?

4
Votre femme a besoin de votre appui – et non de vos discours!

> *«Ainsi donc, comme des élus de Dieu, saints et bien-aimés, revêtez-vous d'ardente compassion, de bonté, d'humilité, de douceur, de patience»*
> *(Colossiens 3:12).*

Comme je rentrais dans l'allée de la maison, j'entendis un miaulement désespéré venant de sous les roues de la voiture. Quelques minutes plus tôt, notre chat s'était précipité vers la voiture de façon imprévisible, pour nous accueillir. «Fais attention au chat», dit Norma. «Ne t'inquiètes pas, il va s'écarter du chemin», lui répondis-je. Je ne conduisais pas vite. «Oh non! murmurai-je, est-ce que quelqu'un peut me sortir de ce pétrin?» Ma famille pensa que c'était simplement une autre de mes plaisanteries sur mon envie de me débarrasser de nos deux chats.

Notre fils aîné sauta de la voiture, regarda sous la voiture et se jeta sur le sol en hurlant. Notre fille commença à sangloter, et notre cadet se réveilla de sa sieste pour se joindre au choeur des deux autres. C'était la folie. Ils commencèrent tous à m'accuser d'avoir voulu tuer le chat. Combien je regrettais toutes les fois où j'avais plaisanté à ce sujet.

Minouche était le petit de notre chatte. Nous aimions tous la mère, mais préférions Minouche. Nous avions gardé le chaton à cause de son hernie. Son ventre devint de plus en plus gros, et je dus l'emmener chez le vétérinaire pour l'opérer de cette hernie. Mais l'opération échoua. Quelques mois plus tard, je dus le faire opérer de nouveau. Alors qu'au début je ne voulais même pas entendre parler de ce chat! Je dis à ma famille: «Ce chat me coûte très cher». Je faisais des réflexions typiquement masculines et j'étais aveugle aux blessures que je causais à ma famille.

Maintenant que j'avais écrasé le chat, je me sentais critiqué au sein de la famille. Quand ils commencèrent à «hurler» après moi, j'eus envie d'en faire autant. Mais les choses que Norma m'avait dites dans le passé étouffaient les mots dans ma gorge. «Ne parle pas. Prends-moi, ou les enfants, dans tes bras quand il y a un problème», m'avait-elle dit.

Ils faisaient un tel raffût dans la cour! J'étais sûr que les voisins allaient penser que j'étais en train de les égorger. J'étais si embarrassé et écrasé par la situation que je les poussai dans la maison. Alors je mis mon bras autour de Kari et la serrai contre moi. Mais quand je voulus serrer Greg contre moi, je compris qu'il ne voulait pas que je le touche. J'essayai de mettre mes bras autour de Norma, mais elle me lança un de ces fameux regards que les femmes réservent à leurs maris, les jours où ils mettent le feu aux poudres. «C'est ce que tu as toujours voulu, n'est-ce-pas? demanda-t-elle. Tu voulais le tuer.» Là-dessus, elle alla dans la chambre à coucher et ferma la porte.

Je ne disais toujours rien. Je ne me mis pas en colère, même si je pensais que ma famille ne m'avait pas compris. Je savais que le fait d'élever la voix ne serait d'aucune utilité. Puisque Michael ne voulait pas que je le touche, Greg et moi allâmes dans l'allée ramasser Minouche et l'enterrer. Nous l'emmenâmes dans notre petit cimetière où Peter notre lapin est enterré. Greg sanglotait encore, «Papa, la vie ne sera plus jamais la même». En enterrant le chat, je priai et Greg conclut les funérailles. J'avais la nausée en rentrant. Kari, âgée de 12 ans, était là consolant notre Michael, âgé de 5 ans. «Michael, pour Minouche c'était l'heure de partir. Son heure avait sonné».

Quand Greg fut prêt pour aller au lit, je vins dans sa chambre et le tins dans mes bras. Les yeux rouges, il me demanda: «Papa, qu'est-ce que je vais faire lorsque je rentrerai de l'école? Qu'est-ce que je vais faire, Papa? Minouche ne sera plus là pour sauter dans mes bras.» Et je me mis à pleurer aussi. La courageuse petite Kari se tenait dans l'entrée après avoir mis Michael au lit. «Bon, Papa, c'est fini, dit-elle. Pour Minouche c'était l'heure de partir. Viens, Papa, nous allons manger les beignets maintenant». (Nous avions acheté des beignets et du lait à la sortie de l'église, en prévision d'un petit dîner tranquille). «Kari, tu peux manger si tu veux, personnellement je suis incapable d'avaler une bouchée», lui dis-je.

En ouvrant la porte de notre chambre à coucher, je me demandai si ma femme était prête à m'affronter. Elle m'avait dit dans le passé: «Ne me demande rien. Attends que je sois capable de te répondre». Je m'agenouillai à côté d'elle, lui touchant gentiment la main, et lui demandant: «Comment te sens-tu?». «Je me sens mieux. Je sais que tu n'avais pas l'intention d'écraser Minouche. Je ne pouvais tout simplement pas me maîtriser», dit-elle. «Ce n'est pas grave, lui assurai-je. Je comprends. Tu sais, toutes ces mauvaises plaisanteries que je faisais sur Minouche? Je suis vraiment désolé de les avoir faites. Tu peux être sûre que je ne plaisanterai plus jamais de cette façon-là. Est-ce que tu te sentirais mieux si notre chatte avait le droit de venir dans la maison dorénavant?»

Pendant plusieurs semaines, je dis de temps en temps à Norma: «Tu sais, je regrette vraiment que Minouche ne soit plus là pour te sauter dans les bras». Alors, elle mettait sa tête sur mon épaule et me disait: «Oui, je sais, je suis triste aussi». A travers cette pénible expérience, j'en appris plus sur la façon de réconforter ma femme que je ne l'aurais fait pendant des années sans problèmes.

Laissez votre femme vous enseigner la manière dont vous pouvez le mieux répondre à ses besoins en période de crise

Ma femme m'enseigna probablement la leçon la plus importante sur la façon de la réconforter lorsqu'elle me dit calmement qu'elle ne pouvait supporter plus longtemps mon emploi du temps chargé, à cause de la trop lourde responsabilité des enfants et de la maison. En me faisant part de ses limites sans m'agresser, elle toucha une corde sensible en moi. J'avais un véritable désir de la réconforter. Je ne sais pas si elle réveilla en moi mon instinct protecteur, typiquement masculin, mais quand elle me dit qu'elle ne pouvait supporter davantage la charge que je lui faisais porter et qu'elle était sur le point de craquer, j'eus vraiment envie de la soulager.

J'ai découvert que cette approche non-agressive s'applique aussi dans la relation père-fille. Une étudiante vint me voir à cause de la mauvaise relation qu'elle avait avec son père. Sur le plan financier il était très généreux, mais elle avait besoin de son amour et de sa gentillesse beaucoup plus que de son argent. J'essayai d'avoir un entretien avec son père, lui expliquant ce que j'avais appris au sujet des femmes. «Réconfortez-la, lui suggérais-je. Soyez tendre et gentil. Ne lui faites pas de sermons.» Mais il ne comprit pas bien qu'il fût un brillant avocat, ayant beaucoup de succès dans sa profession. (J'ai remarqué que parmi mes connaissances mes amis avocats ont de la difficulté à être tendres et aimants sans faire de discours. On leur a inculqué qu'il fallait être logique).

«J'ai essayé de me suicider la semaine dernière, me dit cette jeune femme. Je ne peux plus supporter cette pression que mon père exerce sur moi.» «Vous avez plusieurs possibilités», lui dis-je. «Lesquelles?» «Nous savons, vous et moi, que vous pouvez avoir face à votre père une attitude qui apportera la guérison dans votre vie». «Je n'en suis pas capable», dit-elle avec lassitude. «Dans ce cas vous pouvez téléphoner à votre père et lui dire: ‹Papa, je t'aime. J'aimerais passer plus de temps avec toi, mais je sens que je suis incapable de te voir pour le moment. Je ne peux pas supporter émotionnellement la façon dont tu me traites – tes remontrances, ton manque de sensibilité et ta dureté. J'ai beau vouloir de tout mon cœur être plus forte, je ne peux pas le supporter.›»

Cette jeune fille avait des besoins et des qualités qui lui étaient propres. Personne ne pouvait lui dire qu'elle devait être plus forte. Elle était comme elle était. Lui demander d'être ce qu'elle n'était pas, c'était comme dire au soleil «Ne te lève pas demain». Heureusement, son père était prêt à changer, pensant: *«Je dois être vraiment insensible. Ma propre fille ne peut supporter ma présence. Elle ne peut même pas supporter que je lui téléphone.»*

Beaucoup d'hommes ne réalisent pas qu'un amour tendre est tout ce dont une femme a besoin de temps en temps – qu'on la serre tendrement dans ses bras, qu'on lui fasse une remarque aimante, du style «Je comprends. Tu es blessée. Tu te sens vraiment sous pression, n'est-ce pas?»

Votre femme a besoin d'une épaule, pas de vos discours

Vous devriez avoir pour but de devenir un mari aimant et tendre qui ne fait pas de remontrances. C'était un concept nouveau pour moi parce que je n'avais pas la chance d'avoir eu un père qui savait être tendre avec sa femme. Je n'étais pas sensible au besoin de tendresse de ma femme jusqu'à ces dernières années. Personne ne m'avait jamais dit que c'est ce dont une femme a besoin, et même si on l'avait fait, je ne pense pas que j'aurais compris. (Cependant, j'aurais dû être capable de l'imaginer, car j'aime que les gens soient gentils avec moi et qu'ils me réconfortent lorsque je suis découragé.)

Je n'oublierai jamais ce qu'une femme m'a dit: «Si seulement mon mari me prenait dans ses bras et me serrait contre lui, sans me faire de discours quand j'ai le cafard!» Au lieu de cela, elle aurait droit au sermon N° 734 lui assurant qu'elle se sentirait mieux si elle prenait un cachet d'aspirine ... si elle était plus organisée ... si elle ne s'épuisait pas tant ... si elle était plus sévère avec les enfants ...

«Lui avez-vous jamais fait part de vos besoins?» demandai-je. «Vous plaisantez? Cela m'aurait mise mal à l'aise, dit-elle en riant. N'est-ce pas que vous plaisantez?» «Non. Il ne sait probablement pas comment se comporter. Il ne sait peut-être pas qu'il ferait mieux de vous tenir dans ses bras plutôt que de vous donner des conseils. Pourquoi ne le lui feriez-vous pas remarquer un de ces jours?» «Oui, après tout. Très souvent quand je suis au bas de la pente, que je pleure et que je suis toute retournée, il me demande ‹Que puis-je faire pour toi?› Cela me fait sortir de mes gonds et je réponds: ‹Si je te dis quoi faire, à quoi bon!›»

En tant que mari, je vous recommande de demander à votre femme quels sont ses besoins. Vous ne pouvez pas les imaginer tout seul. Nous ne pouvons pas percevoir les sentiments profonds des autres gens. Nous devons les extirper chez l'autre et remettre cent fois l'ouvrage sur le métier pour être capable de répondre aux besoins de notre femme.

La première fois que j'ai essayé de faire du ski, je pris un remonte-pente jusqu'au sommet d'une petite hauteur. Cette descente semblait beaucoup *plus impressionnante* vue du sommet que du bas de la piste. Je pensai: «*Jamais je ne vais pouvoir descendre.*» Aussi je m'assis sur mes skis et descendis dans cette position jusqu'en bas.

Même si, au début, vous avez à descendre assis sur l'arrière de vos skis tout le long de ce chapitre à cause des aptitudes qu'il réclame, souvenez-vous que vous arriverez peut-être à vous mettre debout. Ce livre ne prétend pas être un manuel exhaustif sur le mariage, mais un début. Croyez-moi, si vous pratiquez ce qui est écrit ici, vous et votre femme pouvez avoir un mariage beaucoup plus heureux.

Au début de mon «apprentissage» de l'art de réconforter ma femme, nous fîmes une expérience qui requit chaque once de maîtrise de moi que je pouvais avoir en réserve. Mais à travers elle, je devins un homme plus solide, encouragé par cette force nouvellement découverte. Je voudrais que vous vous imaginiez dans ma situation. Comment auriez-vous réagi?

J'avais acheté – et payé cher – un bateau à l'aspect peu reluisant, parce que nous voulions passer plus de temps en famille. Le soir même, nous décidâmes avec mon fils de faire un petit tour sur le lac, qui était à cinq minutes de la maison, afin de voir s'il fonctionnait bien. Comme j'étais tout à fait inexpérimenté en matière de bateau, je laissai le vent nous rejeter sur la rive la première fois que je le mis à l'eau. Je fus trempé et frustré en essayant de le remettre à flot. Après 10 minutes irritantes à essayer de faire démarrer le moteur rebelle, le bateau ne voulut pas dépasser les 15 km à l'heure. J'étais déjà loin du rivage quand je réalisai que je ferais mieux de rebrousser chemin au cas où le moteur lâcherait.

A ce moment-là Greg s'écria: «Papa, le bateau est en train de couler.» Je regardai à l'arrière et vis que le fond était rempli d'eau. Le propriétaire précédent avait enlevé le «bouchon» la dernière fois qu'il avait plu, mais avait oublié de me le signaler.

Avec le fond plein d'eau, je ne pus trouver l'orifice pour remettre le bouchon. Par bonheur, nous ne coulâmes pas. Je remis le bateau sur la remorque, déterminé à le rendre le matin suivant à la première heure. De toute façon, j'étais gêné d'avoir cet objet à l'air pas très engageant devant ma maison. Un marchand de bateau me dit qu'il faudrait compter environ 1000 francs pour faire réparer le moteur, aussi je le rendis à son propriétaire qui avait promis de me rembourser si je n'étais pas satisfait.

En quittant la maison tôt ce matin-là, je m'étais mis d'accord avec Norma pour être de retour vers 11 heures, car elle voulait faire des courses. Il me fallut plus de temps que prévu pour récupérer mon argent, et je rentrai chez moi avec une heure et demie de retard. Pendant ce temps, Norma avait décidé de prendre notre camping-car. En essayant de tourner au coin de notre allée, elle passa trop près de la maison, par mégarde, et arracha une partie du toit. En tombant, le toit endommagea l'avant du camping-car.

A mon retour, je vis une partie du toit gisant dans l'allée à côté de notre voiture endommagée. Je me mis à rire, plus de désespoir que de colère. Je voulais dire à ma femme, «Oh non, ça va nous coûter au moins 5000 FF de réparation. Où est-ce que tu as eu ton permis de conduire, dans une pochette-surprise?» Je voulais lui faire la leçon avec colère et ne plus lui parler pendant un moment.

C'est alors que je me rappelai ce que j'étais supposé faire. Je me dis à moi-même: «Tais-toi et mets ton bras autour d'elle. Tiens-la simplement contre toi. Ne dis rien, d'accord?» Pendant ce temps, ma vieille nature me disait: «Fais-lui une remarque. Laisse éclater ta colère. Exprime-la».

Mon esprit eut finalement raison de ma volonté. Je mis mes bras autour d'elle et lui dis gentiment: «Tu dois te sentir dans un triste état, non?» alors que la guerre continuait à faire rage au-dedans de moi. Nous entrâmes dans la maison et nous nous assîmes sur le divan. Je la laissai exprimer ses sentiments. Je la serrai contre moi, et après quelques minutes, je me sentis mieux parce que je pouvais sentir la tendresse de nouveau couler en moi. Bientôt, je fus tout à fait paisible, et elle fut réconfortée. Quelques minutes plus tard, un ami charpentier arrêta sa voiture devant chez nous. Notre toit fut réparé et repeint en deux heures.

J'étais content de ne pas m'être mis en colère. Je n'avais pas blessé ma femme, grondé les enfants ou diminué en rien la beauté de notre relation. J'aurais pu revenir à ma vieille excuse: «Je ne peux pas m'empêcher d'exploser». Au contraire, je remportai une encourageante victoire, de celles qu'on apprécie.

Ma sensibilité nouvelle a été testée en différentes occasions. Un jour pendant une expédition de pêche, je faillis bien la perdre. Je m'isole habituellement totalement de ma famille et du monde qui m'entoure quand je suis près d'un cours d'eau, «me fondant» totalement dans l'environnement grisant de la pêche: les parfums de la nature, le bruit du torrent, la tension quand un poisson mord à l'hameçon ... Eh là! Revenons à notre histoire.

Quand nous garâmes notre camping-car à côté d'un magnifique cours d'eau, mon cœur se mit à battre plus fort. Je pouvais à peine attendre d'avoir préparé mes lignes. Tout d'abord je préparai les cannes à pêche des enfants et leur dis: «Si le fil s'embrouille, vous devrez vous débrouiller tout seuls». (J'étais tellement frustré quand j'essayais de pêcher et qu'ils hurlaient: «Papa, je ne peux pas rembobiner mon fil à pêche!» Je voulais consacrer toute mon énergie à pêcher dans mon coin.)

Je trouvai un coin parfait: un bassin profond en face d'un grand rocher. Je lançai le bouchon et le laissai naviguer naturellement jusqu'à l'autre bout du bassin. Il oscilla et PLOUF! Ma première truite! Je l'avais presque sortie de l'eau, quand Greg arriva en courant. J'étais sûr qu'il allait sauter dans l'eau et effrayer le poisson. J'étais déjà contrarié et en colère de son irruption quand il dit «Papa! Kari s'est cassé la jambe!»

Kari s'est cassé la jambe? Elle a bien choisi son moment! Je n'arrivai pas à croire qu'elle puisse me faire cela. Il était difficile pour moi de partir, mais je laissai la ligne à Greg et dis: «Ne la casse pas, ne l'embrouille pas. Reste juste comme ça sans bouger.» Je courus dans la direction de Kari, évitant de m'approcher trop près du bassin. Après tout, je ne voulais pas effrayer le poisson. En aval, Kari pleurait: «Papa, je crois que je me suis cassé la jambe». Après l'avoir examinée, je vis qu'elle avait seulement des contusions. «N'y touche pas, dis-je. Ce n'est pas cassé, c'est juste contusionné. Mets ta jambe à tremper dans l'eau pendant un moment».

Je me sens vraiment gêné de raconter le reste de l'histoire, mais peut-être mon insensibilité vous servira-t-elle de leçon. Je repartis m'occuper de ma ligne et pris quelques truites supplémentaires avant de retourner vers Kari qui pleurait: «Papa, l'eau est froide».

Je la levai plutôt brutalement pour essayer de la faire marcher, mais elle ne le pouvait pas. Quand je tentai de la soulever pour la remettre sur la berge, sans succès, elle se remit à pleurer et dit: «Papa, tu es si dur avec moi. Est-ce que tu ne pourrais pas être plus *tendre*?» Quelque chose fit flash dans mon esprit quand elle dit ce mot. Cela me rappela toutes les fois où mon épouse ou d'autres femmes m'avaient dit: «Ce dont nous avons besoin, c'est de tendresse et de gentillesse, pas de dureté. Nous n'avons pas besoin de remontrances.» Et je n'étais pas capable d'être tendre avec ma fille de 11 ans! J'avais déjà fait des remontrances à Kari parce que je voyais qu'elle gâchait mes plans pour la journée. «Pourquoi n'as-tu pas regardé d'abord?» lui avais-je demandé.

Je dus me poser la question: «Qu'est-ce qui est plus important pour moi? Les truites ou ma fille? Il était difficile pour moi de le reconnaître, mais les truites avaient été plus importantes. J'avais laissé la pêche et mes propres désirs mettre ma fille en danger. J'aurais dû me comporter autrement!» Je me ressaisis, et l'air penaud je dis: «Kari, j'ai mal agi, j'ai été dur avec toi. Je me sens malheureux. Peux-tu me pardonner?» «Oui, je te pardonne, Papa». «Kari, tu es plus importante pour moi qu'aucun poisson, et je veux que tu le saches. J'étais tellement captivé par cette activité que je t'ai vraiment blessée, n'est-ce-pas?» Nous nous étreignîmes pendant un moment, puis elle me regarda dans les yeux et me demanda gentiment: «Au fait, papa, as-tu utilisé un déodorant aujourd'hui?»

Aidez votre femme à surmonter la dépression

Chaque jour, hommes et femmes sont soumis au stress. Certains jours sont pires que d'autres – comme le jour où j'écrasai Minouche. Les psychologues nous disent que les expériences «stressantes» affectent notre esprit, nos émotions et notre corps. La quantité de stress que nous subissons dans chacun de ces trois domaines peut signifier joie ou dépression. Il a été prouvé que des apports positifs dans un de ces domaines provoquent des effets positifs dans tous les autres. Par exemple, si un mari est tendre avec sa femme, il lui permet de se sentir mieux, ce qui rejaillira sur d'autres domaines de sa vie.

Selon le Dr. Jerry Day, psychologue clinicien de Tucson, si une femme a quatre des symptômes suivants, on peut diagnostiquer une dépression. En tant que mari, vous avez besoin de connaître ces symptômes de façon à aider votre femme avec plus d'efficacité.

Symptômes généraux de la dépression:
1. Tristesse
2. Désespoir
3. Perte du sens de l'humour
4. Réveil prématuré
5. Réveil tôt le matin
6. Insomnie
7. Se sentir mieux quand la journée touche à sa fin
8. Perte d'intérêt sexuel
9. Perte d'appétit et de poids
10. Plaintes vagues sur sa santé physique
11. Sentiment de perte personnelle (mort d'un ami proche, perte d'un travail, etc.)
12. Peu de concentration et de mémoire
13. Profonds soupirs ou grognements

Si vous détectez un ou plusieurs de ces symptômes chez votre femme, vous devriez la réconforter en lui disant: «Je comprends ce que tu ressens ...» Utilisez les informations ci-dessous comme guide pour l'aider à sortir de la dépression.

1. Si votre femme présente au moins quatre des symptômes ci-dessus, encouragez-la à faire un examen médical complet. Ces symptômes peuvent provenir d'une déficience hormonale ou vitaminique ou d'une maladie physique.
2. Evitez de lui faire des discours. Raisonner avec elle lui fait simplement sentir que vous ne la comprenez pas. Envoyez-lui une carte ou des fleurs pour lui remonter le moral. Aidez vos enfants à avoir des attentions pour elle. Par exemple, vous pouvez acheter un rouleau de papier. Déroulez-le et collez-y des photos de magazines qui décrivent ce que vous appréciez en elle. Avec des feutres, écrivez des mots tendres sur toute la bannière. Enroulez-la, ornez-la avec un joli nœud et offrez-la lui comme un cadeau de toute la famille. Votre geste attentionné la touchera et *l'aidera* à sortir des ténèbres.
3. Ecoutez votre femme avec «la troisième oreille». En d'autres termes, écoutez son message émotionnel. Qu'essaye-t-elle de vous dire? Pouvez-vous comprendre le message caché? Essayez de faire une remarque comme «je ne sais pas pourquoi cela t'es arrivé, mais je peux vraiment voir que tu en es profondément affectée». Avec ces mots, et votre compréhension, vous lui permettrez de récupérer sa force physique.
4. Aidez-la à se sentir mieux en «bloquant» ses symptômes. Le Dr. Day m'a expliqué ce concept de la façon suivante: A chaque fois que les acteurs montent sur scène, ils doivent exagérer pour communiquer une pensée à l'auditoire. Bien qu'ils soient conscients d'exagérer, les spectateurs perçoivent leur conduite comme normale. Le Dr. Day croit qu'il est important pour vous d'exagérer le problème de votre femme, afin qu'elle croie que vous comprenez combien elle se sent mal. Elle recevra ce que vous dites comme normal, bien que vous puissiez avoir l'impression d'en avoir fait de trop.

Par exemple, suggérez un projet très difficile pour elle. Cela peut être un effort physique comme le jogging ou un effort mental intense. Dites-lui: «Peut-être devrais-tu faire quelque chose pour sortir de cet état». Souvent cela choque un dépressif et le remet dans la réalité. Il repart en se disant: «Cela ne va pas si mal après tout.» Cependant, quand tout semble sans espoir, une personne déprimée souhaite souvent passer la journée à dormir. Rien ne peut être pire. Aidez votre femme à se lever et à sortir, même si vous devez aller faire les courses avec elle. Quand elle est déprimée, ma femme a quelquefois envie de se cacher sous les couvertures, bien qu'elle sache qu'elle se sentira mieux si elle se lève et va à son cours de gymnastique ou s'implique avec ardeur dans une activité.

5. Une autre thérapie de la dépression est de noter ses pensées. Un certain «lavage de l'âme» se produit quand nous mettons noir sur blanc nos pensées. Le Dr. Day dit: «Achetez à votre femme un carnet et encouragez-la à y noter les façons dont vous et d'autres l'ont blessée.»

Le mieux cependant est de l'encourager à écrire les bénéfices qu'elle tirera des événements déprimants qui lui sont arrivés. Elle peut refuser au début, disant qu'elle ne voit rien de positif. Pour l'aider à commencer, vous pouvez lui montrer au moins une chose bénéfique pour elle. Plus elle verra d'avantages, mieux elle se sentira. La plupart des femmes qui font cet exercice finissent en me disant «Les choses ne vont pas vraiment si mal que cela après tout».

Même quand votre femme ne peut pas prendre le temps d'écrire ses sentiments, vous pouvez l'aider à éviter d'avoir des pensées négatives.

6. Pendant les moments de stress encouragez votre femme à se détendre. Je pratique régulièrement un exercice recommandé par le Dr. Day. Je peux témoigner personnellement que cet exercice de relaxation m'a parfois donné l'impression de m'être bien reposé. Cela renouvelle notre créativité et notre force. Permettez à votre mécanisme de relaxation naturelle de travailler: relaxez-vous dans un fauteuil ou sur un lit, respirez profondément plusieurs fois, tendez tous les muscles de votre corps aussi longtemps que vous pouvez retenir une inspiration profonde, puis expirez. Imaginez le relâchement de vos muscles et ne bougez pas pendant les 10 minutes suivantes.

7. Obtenez un ferme engagement de votre femme à commencer – et à poursuivre – un programme d'exercices physiques. Norma s'est jointe à un groupe de gymnastique simplement pour avoir un endroit où s'entraîner quand elle se sent découra-

gée. L'exercice physique aide une personne mentalement et émotionnellement. Ceux qui travaillent avec des personnes déprimées disent que c'est un des moyens thérapeutiques le plus efficace.

Comment votre femme a-t-elle besoin d'être réconfortée?
Pourquoi ne lui demandez-vous pas de vous aider à comprendre comment et quand elle a besoin de réconfort? Encouragez-la à être patiente jusqu'à ce que vous sachiez comment la réconforter avec tendresse.

Réflexion personnelle

1. Est-il naturel de réconforter et d'être gentil en cas de tension ou de crise (Colossiens 3:8-14; 4:6)?
2. Comprenez-vous les besoins de votre femme pendant une crise (1 Pierre 3:7)? Notez également sa réponse à cette question.

5
Comment surmonter les difficultés – même les plus graves – du mariage

«Il arrivera toujours que des gens incitent d'autres à pécher; c'est inévitable, mais malheur à celui qui en est responsable» (Luc 17:1 – Parole Vivante).

Il était quatre heures de l'après-midi le jour de la Saint-Valentin quand je me rappelai que j'avais un match de basket-ball. J'appelai Norma, ma femme depuis un peu moins d'un an: «Chérie, j'ai oublié de te dire que j'ai un match de basket ce soir. Nous devons être là-bas aux environs de sept heures. Je passerai te prendre vers six heures trente.» Le silence se fit pesant à l'autre bout du fil, avant qu'elle ne réponde: «Mais, c'est la Saint-Valentin aujourd'hui». «Oui, je sais, mais il faut que j'y aille ce soir, j'ai promis à l'équipe d'y être. Je ne peux pas les laisser tomber». «Mais j'ai préparé pour l'occasion un dîner spécial et ...» «Est-ce qu'on ne peut pas le remettre à demain?» Elle ne répondit pas, aussi continuai-je: «Chérie, tu sais combien il est important pour une femme d'être soumise à son mari. (Je ne savais pas encore qu'une des pires choses qu'un mari puisse faire, c'est d'exiger de sa femme la soumission). Il faut vraiment que je joue ce soir, et puisque nous devons prendre de bonnes habitudes dès le début de notre mariage, c'est le moment de commencer. Si je suis réellement le chef de notre famille, c'est moi qui dois prendre les décisions.»

«Glacial» décrit parfaitement l'accueil que je reçus quand je passai la prendre. Visiblement, je l'avais profondément blessée, mais je me figurais qu'elle devait apprendre à se soumettre un jour ou l'autre, et que nous pouvions parfaitement commencer à ce moment-là. L'expression morne de son visage s'accentua à mesure que la soirée avançait. Quand nous rentrâmes à la maison, je notai que la table était préparée pour un dîner aux chandelles: elle avait mis nos plus belles assiettes et de jolies serviettes.

Le jour suivant elle ne m'adressa pas la parole, si bien que je me précipitai chez le fleuriste pour acheter des fleurs que je disposai dans tous les vases de la maison. Cela lui réchauffa un peu le cœur. Puis, je lui offris une carte, représentant une main avec un pouce que l'on pouvait tourner vers le haut ou vers le bas: «Dans quel sens faut-il le tourner?» lui demandai-je. Elle me la présenta avec le pouce tourné vers le haut (signe de paix). Je ne lui dis jamais que j'avais eu raison ou tort au cours de la soirée précédente, mais simplement que je me sentais mal à l'aise à cause de ce qui s'était passé. Et c'est ainsi que j'inaugurai la longue liste des blessures que je ne mis jamais au clair.

Si quelqu'un ne m'avait pas donné, un an plus tard, le «secret» pour faire grandir une relation intime durable, nous aurions peut-être rejoint ces millions de personnes qui divorcent chaque année. Terminez chaque journée sans laisser d'ardoise: qu'il n'y ait pas de blessures entre vous!

Des couples me demandent souvent: «A quel moment cela s'est-il gâté?» – «Pourquoi n'avons-nous plus de tendresse l'un pour l'autre?» – «Comment se fait-il que nous nous querellions si souvent?» – «Pourquoi évitons-nous de nous toucher?» Ces problèmes ne sont pas dus en premier lieu à une incompatibilité, à des problèmes sexuels, à une pression financière, ou à toute autre explication apparente. Ils sont le résultat direct de blessures accumulées. Si le mari et la femme peuvent comprendre comment maintenir l'harmonie en clarifiant au fur et à mesure toute offense, ils pourront résoudre ces problèmes si courants et même la pire calamité – le divorce.

Mais comment en suis-je arrivé là?

Quand un homme n'est pas attentif à sa femme, elle est en général blessée beaucoup plus profondément qu'il ne l'imagine. Elle commence à se fermer envers lui et s'il continue à la blesser, elle coupera mentalement, émotionnellement et physiquement toute relation avec lui. En d'autres termes, elle refusera tout contact avec lui. Avez-vous remarqué que votre femme ne répond pas quand vous l'insultez? Elle évite non seulement toute conversation, mais également tout contact physique. Une femme restera fermée à son mari tant qu'il continuera à la blesser «sans effacer l'ardoise». Il y a des personnes qui justifient leurs réactions en disant: «Mais il ou elle me blesse». Selon le psychologue Dr. Henry Brandt les sentiments blessés n'existent pas. Il dit: «Appelons ces sentiments blessés par leur nom: la colère». Il se peut que votre femme ait tort de réagir par la colère, mais là n'est pas le propos de notre ouvrage. Notre but en tant que maris devrait être de changer notre conduite de façon à ce que nos femmes n'aient pas à se mettre en colère.

Pour comprendre pourquoi votre femme «devient muette» tout naturellement quand vous la blessez, imaginez que vous soyez le fier propriétaire d'une nouvelle voiture. Quand vous la garez pour la première fois dans votre rue, chaque partie de votre être dit: «Je l'aime tellement». Vous aimez son odeur, son confort, sa coupe. Parce que vous aimez votre voiture, vous l'astiquez jusqu'à ce qu'elle brille de tous ses feux. Vous lui consacrez du temps et vous lui prodiguez des soins particuliers. Mais que le moteur se mette à hoqueter, l'huile à fuir, que la peinture rutilante ait quelques éraflures ou que les essuie-glaces vous lâchent au beau milieu d'un orage, vous commencez à maudire «ce vieux tacot» que vous avez acheté. Bientôt, vous imaginez mille raisons de vous en débarrasser. Tant qu'elle vous rend les services que vous en attendez, vous l'aimez. Mais dès qu'elle commence à se détériorer, vous souhaitez ne l'avoir jamais achetée et bientôt vous ne voulez même plus vous trouver près d'elle.

Il peut se produire la même chose pour un travail. Avez-vous jamais donné votre démission parce que vous étiez mécontent de la direction ou des conditions de travail? Je me souviens combien j'aimais un travail jusqu'à ce que mon chef me blessât profondément. A ce moment-là mon esprit se trouva pris dans un engrenage et mille bonnes raisons de démissionner se présentaient à mon esprit. J'étais conscient de ce qui se passait à l'intérieur de moi, mais je ne voyais pas comment dominer mes sentiments. Ils avaient changé, et je n'avais plus le même enthousiasme pour mon travail qu'auparavant. J'en arrivais ainsi à ne plus vouloir m'y présenter, car je ne voulais plus rien avoir à faire avec ce travail. Quand nous avons été blessés, nous avons tendance à réagir selon un certain schéma naturel. Nous sommes sensibles aux imperfections de celui qui nous a heurté. Nous n'avons plus rien à voir avec lui sur le plan émotionnel: nous nous coupons de lui et nous l'évitons même physiquement. Et bien sûr nous sommes fermés à celui-ci spirituellement (Proverbes 15:13).

J'ai vu ma femme passer par ce processus de nombreuses fois. Quand j'ai insisté pour que nous allions au match de basket le soir de la Saint-Valentin au lieu de rentrer à la maison pour honorer son dîner aux chandelles, elle était tellement en colère qu'elle refusait même de me parler. Elle ne voulait ni me toucher ni que je la touche. Avez-vous jamais enlacé votre femme après l'avoir provoquée et l'avez-vous jamais senti se raidir? Il est possible que vous l'ayez critiquée quand vous avez constaté cela. Alors, vous devez accepter la responsabilité de sa froideur et dire: «Je comprends ce qui se passe en toi, et je ne t'en veux pas».

Si votre femme ne veut pas que vous la touchiez, si elle a perdu quelque peu cette «étincelle» amoureuse qu'elle avait autrefois pour vous ou si elle trouve des excuses pour s'éloigner de vous ne serait-ce que pour de courtes périodes, alors vous pouvez être certain que vous l'avez blessée et que vous l'avez probablement écrasée dans son être intérieur.

Une chose pas très drôle m'est arrivée un jour que nous allions à une soirée. Norma dit en riant qu'elle avait l'intention de faire une farce au président, ce qui m'aurait mis dans l'embarras. Je n'en revenais pas qu'elle puisse imaginer de faire une chose pareille et je dis: «Norma, tu ne peux pas faire cela. Si tu as vraiment l'intention de le faire, je n'y vais pas». J'arrêtai la voiture et m'écriai avec dureté et impatience: «Je vais être trop gêné, je ne veux pas y aller». Elle continua à «me faire marcher» encore un petit peu, pour finir par admettre qu'elle n'était pas sérieuse, mais ma méchante humeur persistante fut de trop pour elle (Proverbes 15:4). Parce que j'avais été trop loin, elle se mit à pleurer.

Réalisant que j'avais fait la chose à ne pas faire, j'essayai de rattraper la situation. Mais plus je parlais, plus elle empirait. Pendant la soirée, Norma détournait le regard à chaque fois que je lui lançais un coup d'œil. Elle pensait à toutes les raisons pour lesquelles son mari n'était pas «le gars bien» qu'elle avait cru épouser. Il me fallut plusieurs jours pour rétablir l'harmonie. Que doit faire un homme pour effacer les blessures qu'il a infligées à sa femme. Comment peut-il rester en harmonie avec elle? L'harmonie peut être définie comme l'absence d'offenses non réglées entre vous. Quand une harmonie et une unité existent entre vous, vous voudrez tous les deux prendre du temps pour vous détendre et pour parler. Votre femme se montrera plus agréable. Elle se sentira physiquement et émotionnellement attirée. Mais si vous l'avez blessée, elle vous résistera probablement et aura de vives disputes avec vous.

On accuse souvent les épouses d'être entêtées et rebelles, alors qu'en réalité elles réagissent aux insultes que leurs maris leur infligent sans s'en rendre compte. On dit même parfois qu'elles sont responsables du naufrage du couple parce qu'elles ont perdu cet amour affectueux et tendre envers leur mari. Bien sûr, le mari réalise rarement que sa conduite insensible est ce qui a balayé l'affection. Plus d'un homme considère que sa femme est «frigide» parce qu'elle ne veut pas qu'il la touche, ni avoir des relations sexuelles avec lui. Mais les épouses m'ont souvent dit que lorsqu'une femme est maltraitée, elle a l'impression d'être une prostituée quand elle a une relation avec son mari.

L'acte sexuel est plus que simplement physique – il implique chaque partie de notre être. Avant de pouvoir se donner librement dans des relations sexuelles, une femme doit savoir qu'elle a une valeur en tant que personne et être en harmonie avec son mari. Elle doit se sentir amoureuse avant de pouvoir entrer de tout son cœur dans l'union sexuelle du mariage. Sans cette harmonie, la relation sexuelle entre un mari et sa femme a toutes les chances de se détériorer.

Avez-vous expérimenté combien il est futile d'essayer d'établir un contact mentalement, émotionnellement et physiquement après l'avoir blessée? Georges essayait d'approcher Laura, sa femme devenue une étrangère, mais elle ne voulait rien avoir à faire avec lui. Il continuait à lui répéter: «Tu me manques tellement. Je veux être près de toi. Je t'aime.» Mais sur le plan émotionnel elle était fermée à lui. «Est-ce que tu ne vois pas que tu blesses notre fille? dit-il. Ne vois-tu pas le genre de réputation que nous allons avoir si nous nous séparons?» Il essayait de faire appel à son intelligence, mais elle ne voulait rien savoir. Il avait été vraiment trop loin – il l'avait blessée trop souvent et trop profondément –, aussi dans son esprit l'avait-elle rejeté complètement de sa vie. Je lui demandai: «Veux-tu t'abstenir de toucher Laura pour le moment, t'abstenir de demander si elle aura jamais de nouveau des sentiments pour toi, t'abstenir d'essayer de discuter avec elle? Veux-tu consacrer tous tes efforts à effacer les offenses passées? Si tu acceptes mon conseil et rétablis une harmonie avec Laura, son intelligence sera de nouveau ouverte à la tienne. Elle redeviendra amoureuse de toi. En fin de compte, elle désirera de nouveau que tu sois près d'elle.»

Je dis à Georges en guise d'avertissement: «Au cas où une femme est tombée amoureuse d'un autre homme ou a été profondément blessée, cela peut prendre un peu plus de temps pour la reconquérir.»

Souvent un homme n'est plus attiré par sa femme quand celle-ci n'a plus cette étincelle amoureuse du début. Il ne réalise pas que c'est lui qui l'a éteint par sa façon d'agir blessante.

Que peut faire un homme pour reconstruire une relation harmonieuse avec sa femme?

Les moyens pour reconstruire une relation d'amour durable avec votre épouse

1. Efforcez-vous de comprendre ce qui a blessé ou offensé votre femme.

Pour vous aider à ne plus la blesser, nous avons établi ci-dessous une liste des façons par lesquelles un mari habituellement blesse sa femme. (Vous trouverez cette liste pages 82 à 88). Peut-être n'avez-vous pas compris comment vous l'avez blessée par votre façon d'agir dans le passé. L'histoire de Patrick et de Martine est un bon exemple de la façon dont l'insensibilité d'un homme peut conduire un mariage à sa destruction. Après huit ans de mariage et trois grossesses, la silhouette de Martine, autrefois mince, était devenue quelque peu rondelette. Comme Patrick ne pouvait pas comprendre qu'elle n'eût pas retrouvé sa taille svelte après leur troisième enfant, il était intarissable dans ses remarques à propos de ses kilos superflus. Il essayait de lui faire perdre du poids en lui faisant des sermons, en ayant des exigences, allant jusqu'au chantage. Il la menaçait même d'annuler leurs vacances si elle ne perdait pas de poids. Sans succès. Elle semblait incapable d'«obéir»

L'attitude de Patrick, constamment critique et dure, blessait Martine. Cela eut pour résultat qu'elle l'exclut petit à petit de sa vie. Elle se ferma à lui au niveau émotionnel et lui refusait les relations sexuelles, prétextant des maux de tête ou de la fatigue. Ses piques régulières du style. «Te rends-tu compte que tu as pris deux desserts ce soir?» et sa façon de se comporter en dictateur la rendaient nerveuse et ne faisaient qu'augmenter son désir de manger. Patrick n'avait aucune idée de ce qu'il lui faisait subir. Il était incapable de la comprendre. «Si tu veux perdre du poids, disait-il, tu n'as qu'à en prendre la décision et t'y tenir!»

Comme Martine n'avait que peu ou pas l'envie de plaire à Patrick, il est possible qu'elle essayait de le punir en conservant ses kilos. Tout à fait par hasard, Patrick motiva finalement Martine à en perdre. Un jour qu'il était en déplacement, il lui téléphona et lui dit: «J'ai été un mari monstrueux de t'avoir traitée de la sorte. A partir de maintenant, je te promets de t'aimer telle que tu es – toi seule – et quoi qu'il arrive. En fait, c'est moi qui ai besoin de changer.» Martine répondit: «Tu sais, à chaque fois que tu me demandais de perdre du poids, tu prenais un air tellement méprisant que la seule chose dont j'avais envie, c'était de me ruer sur le réfrigérateur et de le vider». Je n'avais aucune envie de te faire plaisir. Mais maintenant que tu me dis que je suis libre de faire ce que je veux et que je sais que tu le penses réellement, j'ai vraiment le désir de maigrir. Patrick devint plus compréhensif et gentil quand Martine lui expliqua qu'elle ne voulait vraiment pas avoir de kilos en trop. Elle se sentait laide au milieu de ses amies, et la nouvelle mode la faisait paraître encore plus grosse. Martine lui avait dit si souvent: «Si seulement tu pouvais m'accepter telle que je suis au lieu d'exiger que je sois mince et sexy ... ton rejet est à la limite de ce que je peux supporter.» Le rejet est une des souffrances les plus profondes qu'un être humain puisse endurer. C'est quelque chose qui transperce le cœur.

En commençant à reconnaître que ses critiques blessaient sa femme, Patrick était sur la bonne voie pour rétablir une relation harmonieuse entre eux.

2. *Admettez que vous avez la plus grande part de responsabilité dans l'affaiblissement de votre relation conjugale.*

Arrivé à ce stade, je vous prescris la pilule la plus amère que moi-même j'aie eu à avaler. Quand j'entendis mon ami Patrick Niro en parler pour la première fois, j'eus un long temps de refus. Je pensais qu'il était un peu dérangé! Je ne pouvais pas croire ce qu'il me racontait! Je me débattais dans tous les sens et discutais pendant un mois entier. Malgré mon opposition initiale, j'ai fini par y «croire», parce que je n'ai pas pu trouver une seule exception à cette règle, bien que j'aie passé de longues heures pour essayer d'en trouver une.

J'aimerais que vous sentiez les émotions qui naîtront naturellement en vous lorsque vous lirez ce qui est écrit ci-dessous (si votre réaction est violente, je le comprends): *Quand un couple a été marié pendant plus de cinq ans, tout manque d'harmonie persistant dans la relation est dû généralement à un manque d'amour véritable de la part du mari.*

Je ne dis pas que le mari est le seul responsable de toute disharmonie. Certains accrochages peuvent être dus à l'épuisement physique de votre femme, à des problèmes de santé, à un emploi de temps trop chargé ... Il se peut qu'un jour elle ait une attitude négative vis-à-vis de son mari à cause d'un mal de tête, d'un coup de téléphone de son père, ou de toute autre contrariété passagère. Le mari n'est certes pas à blâmer pour ces problèmes occasionnels. Cependant, j'ai découvert qu'après cinq années de mariage, le mari est capable de faire disparaître un manque d'harmonie prolongé en connaissant les besoins de son épouse et en y répondant de façon concrète et efficace.

Ceci est très difficile à croire, n'est-ce pas? Il m'a fallu des mois, avant de pouvoir imaginer que c'était vrai, sans parler de pouvoir l'accepter. Pendant un exposé, un homme réagit violemment à ce concept en disant: «Quand une femme sort du droit chemin, je pense qu'elle mérite une bonne raclée.» «Sortez-le!» hurla une femme dans l'assistance. La réaction de cet homme me surprit, je découvris par la suite que lui et sa femme étaient plongés dans un de ces «gouffres sombres du mariage». Il essayait de convaincre sa femme qu'elle était responsable de tous les problèmes de leur ménage, et le fait d'accepter mon affirmation aurait détruit la base de son raisonnement.

Je connais au moins trois types d'hommes qui refusent d'accepter ce concept:
1. Celui que sa femme a quitté. Il devrait admettre que leur mariage a été un échec à cause de lui et c'est presque trop lui demander.
2. Celui dont un membre de la famille ou un ami proche a divorcé. «Cela ne pouvait pas être la faute de mon frère. Vous n'avez jamais rencontré son ‹dragon de femme!›» (N'oubliez pas, cependant, que la plupart des informations que vous tenez sur ce «dragon de femme» viennent de votre frère.)
3. Celui qui a une liaison. Il est impossible pour lui de se sentir responsable de la frigidité et de l'humeur querelleuse de sa femme. Il pense simplement qu'elle l'était suffisamment pour le pousser dans les bras d'une autre.

J'ai essayé en vain de trouver une exception à ce principe avec la phrase: «Qu'arriverait-il si ...?» Ne suivez pas mon exemple. Si vos objections sont basées sur des «on-dit» ou des hypothèses, elles ne sont pas fondées. Avant d'excuser un mari, vous devez connaître les deux versions de l'histoire par les intéressés eux-mêmes, et cette version-là ne peut pas avoir été inventée.

Toujours le même qui est responsable?

En voyant l'expression de Norma, je sus que je l'avais blessée ce matin-là. Je dis immédiatement: «Je vois que ce que je viens de te dire est trop brutal et que je n'aurais pas dû le dire. Pardonne-moi, s'il te plaît.» «D'accord, je te pardonne», dit-elle. Je pensai: «Toute cette histoire est unilatérale. On croirait que c'est toujours à moi d'agir comme il faut. Et elle alors?» Aussi, j'ajoutai: «Comment se fait-il que ce soit toujours à moi de demander pardon quand je fais quelque chose de mal? Pourquoi ne me demandes-tu jamais pardon? Tu ne trouves pas que c'est injuste que je sois toujours le responsable?»

Alors elle me regarda droit dans les yeux et dit: «Je serais heureuse d'admettre que j'ai tort et de venir te demander pardon, encore faudrait-il que je t'aie blessé.» «Eh bien c'est trop fort! Quel orgueil! Quel égoïsme de dire une chose pareille! répondis-je. Il y a des tas de choses que tu as faites et qui m'ont blessé. Je ne peux même pas me rappeler de la dernière fois où tu as reconnu que tu avais tort et où tu m'as demandé pardon». «Donne-moi quelques exemples», demanda-t-elle. «Laisse-moi une seconde de réflexion et je vais en trouver des tas», répondis-je. «Vas-y!» dit-elle de nouveau. «Juste une minute, que je réfléchisse», dis-je, essayant de gagner du temps.

Je me creusais la tête, mais il ne me venait rien à l'esprit. Je ne pouvais pas me rappeler une seule chose qu'elle ait faite et qui m'ait blessé. Je lui dis finalement: «Mais je peux penser à des choses que j'aimerais te voir changer.» «Vas-y.» «Bien que nous soyons mariés depuis plus de cinq ans, j'en arrive à la première exception au fait que tout serait de ma faute. (J'étais content de moi). Il y a des moments où tu ne me respectes pas et où tu n'as pas d'égards envers moi, comme envers une personne qui a une place particulière dans ta vie. Tu as parfois des mots blessants et tu me manques de respect ... Est-ce que tu crois vraiment que je suis responsable de cela?»

Nous nous assîmes et commençâmes à examiner chaque situation. Il nous fallut seulement dix minutes environ pour réaliser que chaque fois qu'elle s'était montrée irrespectueuse à mon égard, je m'étais levé de mauvaise humeur ou avais passé ma journée à la critiquer. Je n'avais pas gagné son respect. C'était stupéfiant! Les trois choses pour lesquelles je considérais qu'elle devait changer étaient un résultat direct de mon échec à l'aimer vraiment.

Je dois reconnaître que tout cet épisode me laissait un arrière-goût amer dans la bouche. Même aujourd'hui, quand je suis fatigué ou que je n'ai pas le moral, je pense en moi-même: «C'est de la folie. Je ne devrais pas dire cela aux gens parce que les femmes vont en profiter pour écraser leurs maris.» Mais c'est justement le contraire qui est vrai! Quand un homme traite sa femme avec gentillesse, quand il est aimant et compréhensif et met en pratique les points que nous décrivons dans ce livre, elle est ouverte à lui dans tous les domaines. Elle désirera avoir des conversations intimes avec lui, elle sera amoureuse de lui et sera accueillante envers lui sur le plan sexuel. La seule exception, comme je l'ai mentionné plus haut, est quand une femme est amoureuse d'un autre homme.

Je sais combien il est difficile d'admettre que nous avons tort. Un soir que nous étions déjà au lit, je dis quelque chose de désagréable à Norma. Elle se ferma à moi, et bien que j'aie eu envie d'arranger les choses, j'étais trop orgueilleux pour dire quoi que ce soit. Les mots me restaient dans la gorge. Je voulais dire: «Norma, j'ai eu tort de parler ainsi.» J'essayais de prononcer ces paroles, mais j'en étais incapable. Aussi décidais-je de dormir, pensant que le lendemain matin il me serait plus facile d'admettre ma faute. Je me réveillais plusieurs fois pendant la nuit, ressentant de plus en plus le besoin d'admettre que j'avais tort, et ayant de plus en plus honte de ce que j'avais dit. Le matin venu je pus admettre que j'avais mal agi et notre relation fut rétablie. Mais réalisez-vous ce que j'avais fait? J'avais laissé souffrir ma femme pendant toute une nuit du sentiment que notre relation était cassée.

3. Exprimez à votre femme votre regret de l'avoir blessée.

Ma femme m'a dit maintes fois qu'elle apprécie de voir le chagrin réel que j'ai après l'avoir blessée. «Comment peux-tu continuer à me supporter? Comment peux-tu vivre avec moi? Tu es vraiment une femme extraordinaire pour pouvoir vivre avec un homme aussi insensible que moi.» De telles paroles – sincères – sont l'expression de mon repentir et adoucissent notre relation.

Je demandai à une femme: «Après que votre mari vous a insulté, apprécieriez-vous qu'il admette sa faute et exprime son regret de vous avoir blessée? Que feriez-vous s'il vous disait: ‹Comment peux-tu supporter quelqu'un d'aussi minable et d'aussi insensible que moi?› «J'appelerais la police», dit-elle. «Vous appeleriez la police?» répétai-je abasourdi. «Oui, parce que je saurais qu'il y a un imposteur dans la maison», répondit-elle.

J'ai entendu des épouses me dire: «Mon mari ne reconnaît jamais qu'il a tort. Il est trop orgueilleux.» Cependant, je rencontre parfois des maris qui veulent bien admettre leurs erreurs si leur femme a assez de patience pour les aider à comprendre de quelle façon il l'a blessée.

4. Cherchez à ce qu'elle vous pardonne votre conduite agressive.
Une femme a besoin d'un homme qui comprenne la profondeur de sa peine due à son comportement blessant. Il y a des femmes qui m'ont dit: «Si seulement mon mari savait comment je ressens ces mots qu'il dit si facilement et si durement. S'il savait combien de temps ils restent présents en moi». Des mots durs peuvent obséder une femme pendant des années. Une femme aime entendre son mari dire: «Peux-tu me pardonner?» Et quand elle dit: «Oui, je te pardonne», elle se sent plus libre de réparer ce qui lui incombe dans la relation. Un piteux «Je suis désolé» peut signifier «Je suis désolé de m'être laissé surprendre» ou «je suis désolé de heurter ta sensibilité». En général, cela ne ramène pas l'unité et l'harmonie dans la relation.

5. Montrez-lui que vous faites de sincères efforts pour réparer les dégâts de vos actions ou de vos paroles blessantes.
C'est une autre façon de dire: «Repentez-vous». Cela veut simplement dire transformer nos façons d'agir et de penser pour qu'elles deviennent conformes à celles de Christ (Luc 17:3-5). Une femme n'est nullement impressionnée par un homme qui demande pardon ou admet qu'il a tort, puis continue à la blesser dans les mêmes domaines au fil des années. Les mots seuls ne suffisent pas.

Ce sont les attitudes qui blessent le plus fréquemment une femme – plus que les mots ou les paroles. Quand elle voit que les attitudes de son mari changent, elle est plus désireuse de s'ouvrir à lui et d'avoir une relation intime avec lui. Autrement, elle l'exclura de son monde par peur d'être de nouveau blessée.

Une relation conjugale détériorée peut-elle réellement être attribuée au manque d'amour véritable du mari?

Je veux souligner le fait que c'est seulement après cinq années de mariage qu'un mari devient responsable d'une disharmonie prolongée dans le couple. Lorsque vous épousez une femme, vous «héritez» de la façon dont elle était traitée par son père, sa mère, ses frères et sœurs, et même par ses amis. Elle est la somme de son environnement, de ses relations et de sa vie de célibataire.

Le principal problème que nous avons à surmonter en tant qu'hommes est notre manque de connaissances et d'aptitudes pour entourer nos femmes de soins (Eph. 5:28-29) et l'amener au stade, où nous pourrons jouir ensemble d'une relation qui ira grandissant dans l'amour et l'intimité. Nous sommes nous aussi la somme globale de notre environnement, etc.

Vous avez peut-être des pensées semblables à celles de Michael, quand il me mit au défi quant à la véracité de ce concept. «Attendez une seconde, dit Michael. Ce n'est pas possible». «Je sais que c'est difficile à croire», lui assurai-je. «Prenons l'exemple de ma femme Carole, dit-il. Elle a voulu divorcer, mais tu ne peux tout de même pas dire que tous nos problèmes de couple étaient dus à mon manque d'amour pour elle. Je ne puis le croire.» Pour lui prouver mon point de vue, je lui dis: «Donne-moi un exemple – quelque chose que tu n'aimes pas en elle – et nous verrons bien».

«Prenons cet exemple, dit-il, sûr qu'il pourrait contrer ce concept. Pendant notre nuit de noces, nous avons eu des relations sexuelles. Toute cette expérience l'a dégoûtée et depuis lors et pendant vingt ans, elle n'a jamais apprécié notre vie sexuelle. Elle n'en a jamais pris l'initiative. Elle ne voulait même pas en entendre parler. C'est toujours moi qui en ai eu l'initiative. Je sentais qu'elle était plutôt un objet qui n'était pas vraiment impliqué dans cette relation. Comment en serais-je la cause? Pendant notre nuit de noces, elle a changé d'avis à mon sujet!»

Michael avait fréquenté Carole pendant trois ans. Aussi lui demandai-je comment il s'était comporté à son égard pendant ces années-là. «Comme il faut», dit-il. «Michael, j'ai appris que ce n'était pas le cas. Nous savons toi et moi que tu avais la réputation d'être mesquin et extrêmement insensible à son égard. Est-ce que tu te souviens de certaines choses que tu as faites?» Quand il admit qu'il s'en souvenait en effet, je lui dis: «Tu l'as vraiment blessée. Et pendant toutes ces années où tu la fréquentais, as-tu jamais éclairci avec elle toutes ces histoires?» «Non, jamais. Je ne savais quoi faire et comment», dit-il. «Pourquoi s'est-elle mariée avec toi – Pour fuir sa famille?» «C'est exact».

«Alors, la première nuit, elle a réalisé que les relations sexuelles n'étaient pas quelque chose de si extraordinaires. Et sais-tu pourquoi? demandai-je. Parce que vous n'étiez pas en harmonie l'un avec l'autre. De plus, l'avais-tu préparée à l'acte sexuel?» Je lui expliquai que beaucoup de femmes me disent qu'elles ont besoin d'une préparation amoureuse et émotionnelle pour la relation sexuelle avant qu'elles puissent se sentir en harmonie sexuelle avec leurs époux. On pourrait comparer la femme à un fer à repasser et l'homme à une ampoule électrique. Elle chauffe petit à petit dans le domaine de la sexualité, tandis qu'il s'allume immédiatement.

«As-tu mis en lumière toutes ces offenses du passé quand tu t'es marié?» lui demandai-je? «Non, jamais.» Mike n'avait jamais admis qu'il avait eu tort. «Est-ce que tu critiquais beaucoup ta femme?» demandai-je. Mike baissa la tête. Il admit même qu'il lui avait déclaré un jour que tous leurs problèmes étaient de sa faute. Des larmes perlèrent à ses yeux parce qu'il réalisait combien il avait été insensible, cruel et dur pendant toutes ces années.

Les tableaux des pages 88 et 90 vous fourniront des exemples complémentaires pour vous aider à découvrir comment vous avez pu contribuer à détériorer votre relation conjugale. (Un tableau a été établi par Ken Nair, conseiller conjugal et familial et conférencier). Si vous avez besoin d'aide, vous avez un expert à domicile – votre propre épouse. Vous serez peut-être surpris de la précision avec laquelle elle se souvient de vos paroles et de vos actes manquant d'amour. Cependant, beaucoup d'épouses disent qu'elles ont peur de leurs maris, peur d'être rejetées ou critiquées pour leur manque de logique, leur trop grande sensibilité ou leur manque de pardon.

Si vous n'êtes pas d'accord avec cette idée, vous n'êtes pas tout seul. C'est le cas de beaucoup d'épouses et de femmes célibataires

J'expliquais ce concept à une femme d'âge mûr que son mari avait quitté pour une femme plus jeune après de nombreuses années de mariage. Elle n'était pas d'accord avec l'idée que leur relation brisée était due à un échec de son mari. «Oh, c'est ridicule. Chacun sait que c'est 50/50. J'ai autant de responsabilités que lui», argumenta-t-elle. «Eh bien, je me trouve en face de ma première exception. J'aimerais que vous m'expliquiez où vous avez failli dans la relation», lui répondis-je. Une heure plus tard, elle réalisait que si son mari durant toutes ces années l'avait traitée différemment, elle aurait aussi eu une attitude très différente. Nous pûmes attribuer tout ce dont il l'accusait à un manque d'amour de sa part à lui.

Certains hommes, (moi y compris), ont taxé ces opinions de dangereuses parce qu'elles risquent de rendre les femmes irresponsables. Ils craignent que leurs femmes ne les accusent de choses dont elles sont réellement coupables dans la relation conjugale. Je peux comprendre leur panique. En général ce concept nous provoque et nous fait enrager en tant que maris, parce qu'il révèle notre irresponsabilité, et nous ne pouvons pas le supporter – spécialement au début. Croyez-moi, je sais et comprends le combat qui se déroule peut-être en vous en ce moment.

Quelques femmes célibataires réagissent aussi en opposition à ce concept. Par exemple, j'ai entendu deux de mes éditeurs discuter des concepts véhiculés dans ce livre; l'une était célibataire, l'autre mariée. «Je ne peux pas croire que certaines idées de ce livre soient bonnes, dit Déborah, la jeune femme célibataire âgée de vingt-cinq ans. Je n'en crois pas un mot – par exemple que les femmes sont plus émotives que les hommes».

«Attends d'être mariée, lui répondit Jeanne. En un an et demi de mariage, mon mari et moi, nous nous sommes trouvés confrontés à beaucoup des problèmes dont Gary parle dans son livre.»
«Certaines des généralités me gênent cependant, continua Déborah. Je ne crois pas que les femmes soient, en général, plus sensibles et les hommes plus logiques. Je ne crois pas que tu sois plus sensible, parce que je t'ai vue au travail. Je te connais.»
«Mais c'est différent dans le cadre du mariage, dit Jeanne. Tiens, l'autre jour mon mari lisait un chapitre du manuscrit et me dit: ‹Dis donc, j'ai l'impression que tu laisses tes pensées s'infiltrer dans ce livre!› L'exemple du livre était presque identique à une discussion que nous avions eue récemment.»

Si ce chapitre n'a d'autres résultats que de vous stimuler à essayer de trouver une exception à la règle, cela vaudra la peine. Et si dans cinq ans nous découvrons des centaines d'exceptions, l'expérience n'aura pas fait de dommage parce que vous et moi avons besoin de devenir plus responsables, des partenaires aimants quoique nos épouses fassent ou disent. C'est la base d'un amour véritable – faire ce qui est juste, quoi que l'autre personne fasse ou dise.

L'amour véritable nous incite à construire une relation destinée d'abord au bien de l'autre personne, et en faisant cela, nous sommes gagnants parce que nous pouvons bénéficier d'une meilleure relation.

Ci-dessous, vous trouverez une liste de quelques façons par lesquelles un mari peut blesser sa femme. Si vous vous reconnaissez dans un de ces cas, vous devrez vous efforcer de rétablir la relation. Pourquoi ne demanderiez-vous pas à votre femme de cocher celles qui sont vraies en ce qui vous concerne?

1. L'ignorer.
2. Ne pas tenir compte de ses opinions.
3. Montrer plus d'attention aux autres qu'à elle.
4. Ne pas l'écouter ou ne pas comprendre que ce qu'elle ressent est important.
5. L'exclure (le mur du silence).
6. Etre facilement distrait quand elle essaie de vous parler.
7. Ne pas prévoir de temps particulier à passer avec elle.

8. Ne pas être ouvert pour parler de choses que vous ne comprenez pas.
9. Ne pas être ouvert pour parler de choses qu'elle ne comprend pas.
10. Ne pas lui laisser la possibilité de donner son opinion dans les décisions concernant toute la famille.
11. La «punir» en lui montrant de la colère ou en étant silencieux.
12. Faire des plaisanteries sur certains domaines de sa vie privée.
13. Faire des constatations ironiques à son sujet.
14. L'insulter en présence d'autres personnes.
15. L'attaquer en répondant du tac au tac.
16. Faire des remontrances dures.
17. Utiliser des mots sans réfléchir à l'effet qu'ils produiront sur elle.
18. Se quereller avec âpreté.
19. La réprimander avant de lui avoir donné la possibilité d'expliquer la situation.
20. Elever le ton.
21. Faire des critiques sans fondement logique.
22. Jurer ou utiliser un langage grossier en sa présence.
23. La reprendre en public.
24. Manquer de tact quand vous soulignez ses points faibles.
25. Lui rappeler avec colère que vous l'avez avertie de ne pas faire telle chose.
26. Avoir des attitudes de dégoût ou de jugement.
27. Faire pression sur elle quand elle n'a pas le moral ou qu'elle est blessée.
28. Lui faire la morale quand elle a besoin d'être réconfortée, encouragée ou traitée avec gentillesse.
29. Rompre des promesses sans explication ou sans demander d'être délié de cette promesse.
30. Lui dire combien vous trouvez merveilleuses d'autres femmes et la comparer à elles.
31. Avoir du ressentiment au sujet de quelque chose qu'elle a fait et essayait de bien faire.
32. Manquer de respect envers sa famille et ses amis.

33. La contraindre à subir une dispute.
34. La «corriger» ou la punir pour quelque chose dont elle n'est pas coupable.
35. Ne pas la louer pour quelque chose qu'elle a bien fait, même si elle l'a fait pour vous.
36. La traiter comme une enfant.
37. Etre grossier envers elle et d'autres personnes en public, par exemple des employés ou le personnel d'un restaurant.
38. Ne pas être conscient de ses besoins.
39. Manquer de reconnaissance.
40. Ne pas lui faire confiance.
41. Ne pas approuver ce qu'elle fait ou la manière dont elle le fait.
42. Ne pas être intéressé à sa croissance personnelle.
43. Etre inconsistant ou avoir deux poids et deux mesures (faire ce que vous ne lui permettez pas de faire).
44. Ne pas lui donner de conseil quand elle en a vraiment besoin et qu'elle le demande.
45. Ne pas lui dire que vous l'aimez.
46. Avoir, d'une façon générale, des attitudes orgueilleuses et arrogantes.
47. Ne pas l'encourager chaque jour.
48. Ne pas l'inclure dans la conversation quand vous êtes avec d'autres personnes.
49. Ne pas passer suffisamment de temps avec elle, en quantité et en qualité, quand vous êtes invités.
50. Insister pour avoir raison, se moquer de ce qu'elle dit, continuer à discuter ou argumenter sur un point, uniquement pour prouver que vous avez raison.
51. L'ignorer, comme si elle n'était pas un membre de la famille.
52. Ne pas prêter attention à ce qu'elle veut vous communiquer d'important lorsque vous rentrez du travail.
53. Ne pas tenir compte de sa présence en société.
54. Ne pas aller à l'église en famille.
55. Ne pas savoir exprimer honnêtement ce que vous pensez de ses sentiments les plus profonds.

56. Montrer plus d'enthousiasme pour le travail ou d'autres activités que pour elle.
57. Etre impoli pendant les repas.
58. Avoir de mauvaises manières à la maison ou en présence d'autres personnes.
59. Ne pas l'inviter de temps en temps à des sorties.
60. Ne pas s'occuper des enfants avant les repas et pendant les moments où il y a beaucoup de choses à faire en même temps.
61. Ne pas se proposer pour l'aider de temps en temps à faire la vaisselle ou le ménage.
62. Lui donner l'impression d'être stupide quand elle vous fait part d'une idée au sujet de votre travail ou des décisions à prendre.
63. Lui donner l'impression d'être indigne parce qu'elle désire certains meubles ou une assurance ou n'importe quelle autre chose pour elle et la famille.
64. Manquer de cohérence avec les enfants. Ne pas s'intéresser à leurs jeux, ne pas passer suffisamment de temps avec eux.
65. Ne pas lui témoigner de tendresse en public, comme lui tenir la main ou mettre votre bras autour d'elle (vous semblez embarrassé d'être avec elle).
66. Ne pas partager votre vie avec elle, comme vos idées ou vos sentiments (par exemple lui raconter ce qui se passe au travail, etc.).
67. Ne pas être le chef spirituel de la famille.
68. Exiger qu'elle se soumette à vous.
69. Exiger qu'elle ait des relations sexuelles avec vous alors que vous êtes en désaccord.
70. Ne pas vouloir admettre que vous avez tort.
71. «Lui résister» à chaque fois qu'elle vous révèle l'un de vos points faibles.
72. Etre trop pris par votre travail ou vos activités.
73. Ne pas montrer de compassion pour elle et les enfants quand il y a un réel besoin.
74. Ne pas faire de projets pour le futur, lui donnant ainsi un sentiment d'insécurité.

75. Etre très «avare» en lui faisant sentir qu'elle reçoit un salaire – et pas très important.
76. Exiger dans le domaine de la sexualité certaines choses qui la gênent.
77. Lire des magazines de pornographie.
78. La forcer à prendre la plupart des décisions concernant les chèques et les factures.
79. La forcer à s'occuper des factures et des arriérés de factures.
80. Ne pas la laisser s'appuyer de temps en temps sur votre gentillesse et sur votre force.
81. Ne pas lui permettre d'échouer – toujours sentir que vous devez lui faire des sermons.
82. Refuser de la laisser être femme.
83. Critiquer ses caractéristiques féminines et sa sensibilité comme étant un signe de faiblesse.
84. Dépenser trop d'argent et plonger la famille dans les dettes.
85. Ne pas avoir le sens de l'humour et ne pas rire ensemble.
86. Ne pas lui dire combien elle est importante à vos yeux.
87. Ne pas lui envoyer de temps en temps des lettres d'amour.
88. Oublier des dates particulières, comme les anniversaires, etc.
89. Ne pas la défendre lorsque quelqu'un la critique ou se plaint d'elle (spécialement quand il s'agit d'amis ou de relations).
90. Ne pas l'entourer de vos bras et la serrer contre vous quand elle a besoin de réconfort.
91. Ne pas vanter ses mérites devant d'autres personnes.
92. Etre malhonnête.
93. La décourager de s'améliorer en ce qui concerne les études ou la forme physique.
94. Persister dans des habitudes désagréables et dangereuses, comme le fait de rentrer ivre à la maison.
95. Ne pas la traiter comme si le label «Fragile – A manier avec précaution» était écrit sur son front.
96. Ignorer sa famille et les gens qui ont de l'importance pour elle.

97. Considérer que tout ce qu'elle fait est normal, partant du principe que «le travail d'une femme n'est jamais terminé dans la maison».
98. Ne pas l'inclure dans des plans pour le futur jusqu'à la dernière minute.
99. Ne jamais lui faire de «petites» surprises.
100. Ne pas la traiter comme son égal au niveau intellectuel.
101. La considérer comme plus faible en général.
102. Etre préoccupé par vos propres buts et besoins, au point de lui faire sentir que ni elle ni les enfants n'ont d'importance.
103. Menacer de ne jamais lui laisser faire quelque chose parce qu'elle a fait quelques erreurs dans le passé.
104. La critiquer derrière son dos (c'est vraiment douloureux pour elle d'apprendre par quelqu'un d'autre que vous la critiquez).
105. La blâmer pour des choses dans votre relation qui viennent clairement d'un échec de votre part.
106. Ne pas être conscient de ses limites physiques et la traiter comme un homme en la malmenant ou en lui faisant porter des objets lourds.
107. Perdre patience ou se mettre en colère contre elle quand elle ne peut pas suivre votre planning ou votre résistance physique.
108. Agir en martyr quand vous suivez son avis.
109. Bouder quand elle conteste vos observations.
110. Appartenir à trop de groupes qui l'excluent, elle et les enfants.
111. Ne pas réparer ce qui est cassé dans la maison.
112. Trop regarder la télévision et donc la négliger, elle et les enfants.
113. Exiger qu'elle s'asseye et écoute votre point de vue quand elle est en train de s'occuper des enfants.
114. La sermonner en insistant lourdement pour l'amener à faire ce que vous vous croyez important.
115. L'humilier par vos paroles et vos actions, en disant des choses comme: «Je ne supporte pas de vivre dans une porcherie».

116. Ne pas prendre du temps pour la préparer à l'intimité sexuelle.
117. Dépenser l'argent sans compter, sans souci de ceux qui sont dans le besoin.
118. Eviter les activités familiales que les enfants aiment tant.
119. Prendre des vacances qui sont d'abord pour votre plaisir personnel, comme la pêche ou la chasse, alors que vous l'empêchez de faire du shopping ou ce qui lui fait plaisir.
120. Ne pas lui permettre de passer du temps (sans les enfants) avec des amies, de faire des courses pour acheter des articles dont elle a envie, ou passer un week-end à l'extérieur avec ses amies.
121. Ne pas vouloir se joindre à elle pour faire ce qu'elle aime comme faire du shopping, sortir, etc.
122. Ne pas comprendre les tâches «ennuyeuses» auxquelles une femme doit faire face: ramasser et ranger les vêtements et les jouets qui traînent toute la journée, moucher des nez qui coulent, mettre et enlever des vestes et des bottes pleines de boue, laver, repasser, etc ...

Comment le manque d'amour authentique affaibli une relation conjugale

Façons d'agir du mari	*Réactions de la femme*
On ne peut pas compter sur lui *Il ne s'occupe de rien.*	*Elle est querelleuse* *Lui rappelle sans cesse les choses auxquelles il doit faire attention, en lui reprochant ses erreurs passées et tous ses oublis.*
Il n'a pas confiance et condamne.	*Elle est dépensière*

A une attitude de supériorité dans le domaine financier. Exige de tout contrôler. Ne permettra pas à sa femme de connaître leur situation financière. Pense que sa femme l'amènerait à la faillite, s'il la laissait faire.

Dépense l'argent comme s'il était facile à gagner. Semble irresponsable dans le domaine de l'argent. Utilise des cartes de crédit sans discernement.

Il est colérique et exigeant.
Il se «défoule» sur les enfants et sur les autres. N'aime pas être dérangé par la famille. Impose des normes que les enfants ne peuvent atteindre.

Elle est indulgente avec les enfants.
Excuse les enfants pour leurs désobéissances envers son mari et tient secrète leur mauvaise conduite.

Il est insensible et n'est pas gentil.
Utilise des paroles dures à l'égard des autres. Se moque de sa femme ou de personnes qu'il connaît.

Elle est trop émotive.
Pleure souvent et se sent facilement blessée. Ressasse la blessure longtemps. Se souvient d'offenses passées, est capable de les rappeler dans les moindres détails.

Il n'a ni attention ni égards, n'est pas digne de confiance. Il est irresponsable.
Uniquement préoccupé par ce qui l'intéresse personnellement. Considère les sentiments des autres comme étant sans valeur et irréalistes – si toutefois il en fait cas. La réputation de la famille a été ternie à cause de son manque de considération envers les au-

Elle est dominatrice.
Répond à toutes les questions, même celles qui s'adressent à son mari. Prend les décisions domestiques et assume la responsabilitié de punir les enfants.

tres. Ne semble pas se soucier des besoins de la famille. Semble penser que la seule obligation qu'il ait à l'égard de sa famille est d'ordre financière.

Pouvez-vous vous identifier à ces conflits typiques à un mariage ?

<u>Ce qu'un mari n'aime pas et critique chez sa femme</u>

1. Elle préfère être avec sa mère plutôt qu'avec lui.

2. Elle manque d'ordre.

3. Elle est frigide.

4. Elle est sournoise.

5. Elle est extrêmement critique sur la façon dont il dépense l'argent.

<u>Preuves de l'incapacité du mari à aimer sa femme</u>

1. Il est très critique et parle peu.

2. Il critique la façon dont elle tient la maison, est un perfectionniste.

3. Il la blesse par sa dureté, est trop exigeant, il blesse même parfois les enfants.

4. Il est critique, légaliste, dur, inébranlable, insensible aux besoins de ses enfants, borné, très cartésien.

5. Il est irresponsable dans le domaine de l'argent, fait des extravagances.

6. Elle évite de faire des activités avec lui.

7. Elle fait qu'il a l'impression d'être un moins-que-rien.

8. Elle a peur de prendre la parole devant un groupe.

9. Elle crie après les enfants.

10. Elle est inflexible, toujours fâchée.

11. Elle est indépendante.

12. Elle est rebelle (insoumise).

13. Elle lui manque de respect.

14. Elle est cassante et agressive.

15. Elle se montre négative à l'égard des amis du mari.

6. Il n'aime pas s'amuser, n'a pas le sens de la communication, ne veut pas faire les courses ou prendre un café avec elle.

7. Il est dur et la blesse profondément.

8. Il critique sa façon de parler et corrige ses fautes.

9. Il est indiscipliné, néglige l'éducation des enfants et ne l'aide pas à les préparer pour l'école par exemple.

10. Il la rejette et la critique beaucoup.

11. Il est trop possessif à son égard.

12. Il l'a blessée profondément et ne lui a pas demandé pardon.

13. Il est dur et l'évite quand il est en compagnie d'autres personnes.

14. Il l'a blessée et n'a pas tenu ses promesses.

15. Il préfère ses amis et prend leur parti contre elle.

16. Elle ne cesse de le harceler.	16. Il n'assume pas ses responsabilités, manque d'attention, n'est pas digne de confiance.
17. Elle a peur de déménager.	17. Il fait des changements soudains et est trop impulsif.
18. Elle parle trop longtemps au téléphone.	18. Il ne parle pas suffisamment avec elle.
19. Elle est trop indulgente avec les enfants.	19. Il est trop strict avec les enfants.
20. Elle réagit négativement aux membres de sa famille.	20. Il préfère les gens de sa famille à ceux de la sienne.
21. Elle est trop stricte avec les enfants.	21. Il est trop indulgent avec les enfants.
22. Elle ne veut pas prier avec lui.	22. Il l'a blessée et n'a pas clarifié la situation.

Réflexion personnelle

1. Que devons-nous faire si notre conjoint nous blesse (Luc 17:3-4)?
2. Quelle attitude devons-nous avoir quand nous faisons des reproches à celui qui nous a offensé (Galates 6:1; Proverbes 15:1)?

6
Ce à quoi aucune femme ne peut résister

«Ne laissez aucun propos méchant, inconvenant – ou simplement inutile franchir le seuil de vos lèvres. Cherchez les mots qui aident et encouragent. Que chacune de vos paroles contribue au progrès spirituel des autres»
(Ephésiens 4:29 – Parole Vivante).

Un bruit de chips détourna mon attention du match de football du samedi après-midi. Je regardais, médusé, ma femme et mes trois enfants qui commençaient à manger des sandwichs et à boire du coca pendant que j'étais assis là sans rien à «me mettre sous la dent.»
«Pourquoi ne m'a-t-elle pas préparé de sandwich? me dis-je en moi-même. *Je suis celui qui gagne le pain à la sueur de mon front et on m'ignore!»* Je m'éclaircis bruyamment la gorge pour attirer l'attention de ma femme. Comme elle ne réagissait pas, je sentis l'irritation devenir telle que je me dirigeai vers la cuisine, sortis le pain et me fis moi-même un sandwich. Norma ne dit pas un mot, moi non plus, en me voyant revenir avec mon sandwich. Mais je continuais à me demander: *«Si les femmes sont si sensibles, comment se fait-il qu'elle ne sache pas que je voulais un sandwich? Si elles sont tellement attentives, comment n'a-t-elle pas remarqué que je me suis éclairci la gorge pour attirer son attention, ou n'a-t-elle pas fait attention au fait que je ne lui ai pas adressé la parole? Pourquoi n'a-t-elle pas remarqué mon irritation?»*

Quelques jours plus tard, alors que nous parlions tranquillement, je dis: «Je me suis vraiment posé des questions au sujet de ce qui s'est passé samedi, mais j'ai hésité à t'en parler. J'étais intrigué l'autre jour. Puis-je te poser une question?» J'avais en tout cas réussi à éveiller son attention. «Bien sûr», répondit-elle. «Tu sais, samedi dernier, quand je regardais le match de football et que tu as préparé des sandwichs pour les enfants? Pourquoi n'en as-tu pas préparé pour moi?»

«Es-tu sérieux?» demanda-t-elle. Elle me regarda avec un air tellement surpris que je me sentis confus. «Bien sûr que je suis sérieux. J'aurais tendance à penser que puisque c'est moi qui gagne l'argent pour la nourriture, tu aurais pu me préparer un sandwich.» «Tu sais, je ne peux vraiment pas croire que tu puisses me poser une question pareille», dit-elle. J'en étais à me dire: *«Peut-être n'aurais-je pas dû demander. Sans doute devrais-je connaître la réponse.»* Cela paraissait d'une telle évidence pour elle, mais cela ne l'était pas du tout pour moi. «Norma, je ne vois vraiment pas. J'admets que je suis aveugle sur certains points, poursuivis-je, et je réalise que celui-là en fait partie. Est-ce que cela t'ennuierait de m'expliquer?»

«On accuse parfois les femmes d'être stupides, mais ce n'est pas vrai, répondit-elle. Nous n'aimons simplement pas prêter flanc à la critique». Elle semblait penser que l'explication était suffisante quant au fait qu'elle ne m'ait pas préparé de sandwich. «Je comprends cela. Mais quel rapport avec les sandwichs?» «Est-ce que tu réalises que chaque fois que je te fais un sandwich, tu as toujours quelque chose à critiquer? ‹Norma, tu n'as pas mis assez de salade ... Est-ce que tu crois que cet avocat est mûr? ... Tu as mis trop de mayonnaise ... Est-ce que tu pourrais me mettre un peu plus de beurre ... Eh bien, c'est un peu sec ...› Peut-être ne t'en es-tu jamais rendu compte, mais tu as trouvé à redire presque à chaque sandwich que je t'ai préparé et je n'avais pas envie d'entendre une critique supplémentaire l'autre jour. Cela n'en valait pas la peine. Je n'aime pas les critiques.»

J'étais très embarrassé parce que je pouvais me souvenir de toutes les fois où je l'avais critiquée. Je récoltais simplement les fruits de mon attitude. J'avais semé la critique et récolté une assiette vide. Je suis heureux de dire qu'à la suite de cette expérience, je commençais à la féliciter pour chaque sandwich qu'elle me faisait, et maintenant elle me les fait sans l'ombre d'une hésitation.

Peu après que Marie eut quitté Robert, je lui demandai si elle pouvait se souvenir des choses pour lesquelles Robert l'avait louée. Elle ne pouvait pas se souvenir d'une seule fois en plus de vingt ans de mariage. Ses enfants me le confirmèrent. Ils étaient d'accord sur le fait que leur mère n'avait pas servi un seul dîner sans entendre au moins une critique sur au moins un détail du repas. Il se plaignait quand le poivre et le sel n'étaient pas sur la table ou quand la viande n'était pas cuite à point. Elle en arriva au stade où elle ne voulut même plus côtoyer cette personne trop critique. Elle le quitta pour un autre homme. «Je suis en quelque sorte heureux qu'elle me quitte car, de toute façon, elle ne veut rien faire avec moi, dit Robert. C'est une solitaire. Elle m'exclut de ses activités. Savez-vous qu'elle n'a jamais voulu partir en vacances avec moi? J'ai pourtant essayé maintes fois, mais elle n'a jamais voulu. Je suis dégoûté d'elle, moi aussi».

Nous n'avons commencé à discuter de ses problèmes conjugaux qu'après qu'il m'eut dit qu'il avait dû changer de travail à cause de frictions avec son patron. «Comment vous traitait-il, Robert?» demandais-je. «Il venait dans le magasin dont j'étais le gérant et me critiquait en présence de mes employés pour le moindre détail. Cela me blessait profondément. Ensuite, il retournait à son bureau et je continuais à me démolir à la tâche. Il n'a jamais remarqué comme je travaillais dur ou même dit quoi que ce soit de positif à ce sujet. Je ne pouvais pas en supporter davantage, aussi ai-je demandé une mutation.»

Je demandai à Robert: «Est-ce que vous auriez aimé passer des vacances avec votre chef?» «Vous plaisantez? Cela aurait été la chose la plus horrible au monde», répondit-il. «Est-ce que vous auriez aimé participer à d'autres activités avec lui?» Quand il répondit non, je lui montrai qu'en tant que mari, il s'était comporté exactement comme son chef. Son visage s'allongea et des larmes lui vinrent aux yeux.

«Vous avez raison. Il n'est pas étonnant que Marie n'ait jamais voulu partir avec moi. Je ne pense jamais aux choses qu'elle fait pour me faire plaisir, et je la critique toujours devant les enfants et nos amis.» Mais il était trop tard. Marie était amoureuse d'un autre homme. Bien que Bob ait changé radicalement (il est maintenant beaucoup plus sensible aux femmes), sa femme a divorcé et s'est remariée.

Les femmes ont besoin qu'on leur fasse des compliments. Nous devrions comprendre leurs besoins parce que nous aussi voulons savoir que nous avons de la valeur aux yeux des autres.

Une des façons qui nous fait savoir qu'on a besoin de nous, c'est d'entendre les autres dire qu'ils nous apprécient pour *ce que nous sommes et ce que nous faisons.*

Les Ecritures nous rappellent que nos relations les plus importantes exigent la louange:
1. Louer Dieu (Psaumes 100:4);
2. Louer nos femmes (Proverbes 31:28);
3. Louer les autres; par exemple nos amis chrétiens (Ephésiens 4:29).

Je me souviens comme si c'était hier de ce que mon chef m'avait dit il y a des années: «Si j'avais dix hommes comme vous, nous pourrions changer la face du monde.» Après cela j'étais si motivé, que j'avais l'impression de ne jamais en faire assez pour lui.

Les enseignants savent combien la louange motive les enfants. Une enseignante disait qu'elle louait tous les jours chacun des élèves de sa classe, sans exception. Ses élèves étaient les plus motivés et enthousiastes de toute l'école. Le remplaçant de mon professeur de géométrie à l'école secondaire me louait régulièrement et ma moyenne passa de «5» à «15» en six semaines.

Quand nous connaissons l'importance de la louange, pourquoi, en tant que maris, sommes-nous incapables de faire un compliment à nos épouses? Il y a plusieurs raisons à cela. La plus courante est que nous sommes préoccupés par nos propres besoins, travail et activités. Nous perdons de vue les qualités positives et utiles de notre femme quand nous sommes préoccupés. Pire, nous ne reconnaissons pas combien nos femmes peuvent nous aider, lorsque nous le remarquons. Quand un mari oublie que sa femme a besoin de recevoir des louanges, le mariage commence à basculer du mauvais côté de la pente. Et s'il exprime constamment ce qui est amer au lieu d'exprimer ce qui est doux, son mariage deviendra chaque jour moins épanouissant. La critique est dévastatrice, particulièrement quand elle se fait sur le ton de la colère ou de la dureté (Prov. 15:1-4). Quand un mari se met en colère contre sa femme à cause de ses qualités féminines spécifiques, il véhicule un manque d'approbation à son égard en tant que personne. Cela affaiblit automatiquement la relation.

Dans son livre *Life Is Tremendous (la vie est fantastique)*, Charlie Jones dit que nous ne pouvons pas vraiment aimer la vie tant que nous n'avons pas appris à voir un point positif au sujet de chaque chose et à l'exprimer. *Aucun d'entre nous ne sera jamais complètement positif* au sujet de la vie, dit-il, mais nous pouvons apprendre à développer une attitude plus positive pour grandir et nous épanouir.

Si vous apprenez à avoir une attitude positive, non seulement les autres auront envie d'être auprès de vous plus souvent, mais votre femme en bénéficiera d'une façon extraordinaire. Elle aura le sentiment plus net de valoir quelque chose et d'être utile, sachant que vous lui avez prodigué les encouragements que seul un mari peut donner. Encouragez votre femme et approfondissez votre relation conjugale en suivant ces deux étapes toutes simples pour apprendre comment la louer.

Félicitez-la (au moins) une fois par jour

Tout d'abord, promettez-vous de dire tous les jours à votre femme ce que vous appréciez en elle. Promettez-le à vous-même, pas à elle; parce qu'elle pourrait avoir des attentes et être blessée si vous oubliez. Apprenez à verbaliser vos appréciations. Voici quelques exemples de remarques que des femmes m'ont dit aimer entendre:
1. «Quel repas! La façon dont tu as assaisonné le ragoût ... C'était délicieux.»
2. Dites-lui le matin en l'embrassant: «Chérie, il n'y a pas de doute, je t'aime. Tu es tellement précieuse pour moi.»
3. Quand vous êtes en compagnie d'amis, dites: «C'est ma femme. Elle est toute à moi.»
4. Posez des billets doux sur le buffet de cuisine ou ailleurs tels que: «J'ai aimé la façon dont tu étais habillée hier soir!»
5. «Tu es vraiment une épouse dévouée, tu me fais mon déjeuner tous les jours.»

6. «Nos enfants ont de la chance d'avoir une mère comme toi. Tu t'occupes tellement bien d'eux».
7. «Je ne sais pas si je préfère la robe ou celle qui la porte.»
8. «Est-ce que j'aime ta coiffure? Je t'aimerais avec n'importe quelle coiffure, tout simplement parce que c'est toi.»
9. «J'aimerais sortir avec toi ce soir rien que pour te montrer à mes amis».
10. «Chérie, tu as travaillé dur. Pourquoi ne te reposes-tu pas un peu avant le dîner. Je peux attendre.»
11. «Tu es si précieuse pour moi que j'aimerais faire quelque chose qui te fasse vraiment plaisir. Pourquoi ne prendrais-tu pas un bain pour te relaxer. Je ferai la vaisselle et aiderai les enfants à faire leurs devoirs.»

Dans son livre *Forever My Love (Pour toujours mon amour)*, Margaret Hardisty insiste sur le fait que les femmes ont tendance à avoir une approche sentimentale de la vie, tandis que les hommes ont une approche plus logique et parfois froidement objective. Donc, quand vous louez votre femme, il est important d'utiliser des mots et d'agir pour la louer *de son point de vue à elle*. Tout ce qui est romantique ou contribue à approfondir des relations plaît généralement aux épouses.

Soyez inventif dans votre façon de louer

Un mari a reconquis sa femme en partie grâce à son esprit inventif dans le domaine de la louange. Il acheta 365 bonbons en papillotes, et il écrivit un petit mot à l'intérieur de chaque papillote qu'il referma ensuite. Elle prit un bonbon chaque jour et sut ainsi tout au long de l'année ce qu'il aimait en elle. Une femme aime découvrir des petits mots cachés – dans sa boîte à bijoux, dans un tiroir, dans l'armoire à pharmacie, etc. Essayez de trouver des moyens de faire des compliments à votre femme. Les possibilités sont infinies.

Quelle sorte de louange aimeriez-vous entendre de la part de votre chef? Peut-être dites-vous: «Je n'ai pas tellement besoin de louanges. J'ai la sécurité de mon emploi et vraiment je n'en ai pas besoin». Alors, demandez à ceux qui travaillent avec vous pour voir combien ils apprécieraient vos louanges. Vous pourriez vous en inspirer pour louer votre femme. Vous pouvez aussi demander à votre femme quels compliments elle aime recevoir.

N'attirez pas l'attention sur ce qui n'est pas attirant en elle

Rides, cheveux gris, excès de poids, sont à exclure de la liste des sujets de conversation. Même vos commentaires anodins à ce sujet peuvent donner un sentiment d'insécurité à votre femme – elle pourrait craindre d'être «échangée contre un modèle plus récent». Elle sait que le divorce est malheureusement facile et courant de nos jours.

Un mari écrivit à sa femme un joli poème pour lui dire combien il aimait ses petites rides et caresser sa cellulite. Sa carte bien qu'adoucie par des fleurs la fit pleurer pendant des heures. Nous les hommes, nous devons louer nos femmes sans attirer l'attention sur ce qu'elles croient être des traits disgracieux.

Cela ne veut pas dire que vous deviez avoir recours à une flatterie qui ne serait pas sincère. Quelqu'un ne vous a-t-il jamais fait un compliment, et vous saviez qu'il ne croyait pas un mot de ce qu'il disait. Parfois un mari remarquera: «Oui, j'aime vraiment cette robe». Mais sa femme peut détecter son manque de sincérité. Même si vous n'aimez pas sa robe, vous pouvez toujours dire quelque chose de sincère comme: «Chérie, tu es deux fois plus jolie que ta robe». Savez-vous que vous pouvez même trouver quelque chose à louer dans les défauts de votre femme? Le tableau ci-dessous peut vous aider à découvrir les aspects positifs de ce que vous considérez être ses «imperfections».

Comment découvrir le côté positif des aspects négatifs chez votre épouse

Négatif

1. Curieuse
2. Susceptible
3. Manipulatrice
4. Avare
5. Bavarde
6. Superficielle
7. Trop sérieuse
8. Trop hardie
9. Rigide
10. Dominatrice

Positif

1. Elle peut être très ouverte et sociable.
2. Elle peut être très sensible.
3. Elle peut être pleine de ressources et d'imagination.
4. Elle peut être économe.
5. Elle peut être très démonstrative et théâtrale.
6. Elle peut être enthousiaste et pleine de vie.
7. Elle peut être très sincère et sérieuse, avec de fortes convictions.
8. Elle ne fait pas de compromis par rapport à ses critères personnels.
9. C'est une personne disciplinée qui a des opinions fermes.
10. Elle a confiance en elle, elle est sûre d'elle-même.

11. Rêveuse

12. Trop pointilleuse

11. Elle est très créative et a de l'imagination.

12. Elle est très organisée et efficace.

Une louange concernant un point particulier est de loin meilleur qu'une louange générale. Par exemple: «C'était un repas excellent» est loin d'avoir le même impact que: «Ces asperges avec de la noix de muscade, c'était une idée géniale. Je n'ai jamais mangé des asperges qui aient un tel goût. Je me demande comment tu fais pour donner à des légumes souvent fades une telle saveur.» «Tu es une mère fantastique» ne la rendra pas particulièrement heureuse, mais vous avez plus de chance avec: «Je suis vraiment reconnaissant d'avoir épousé une femme aussi sensible, qui sait ce qu'il faut faire pour que nos enfants se sentent importants. C'est sûr, ils ont de la chance d'avoir une mère aussi délicate.»

Il n'y a pas de «bons ou de mauvais» moments pour louer votre femme. Elle appréciera que vous soyez seul avec elle, avec vos enfants ou entre amis. Assurez-vous que vous ne limitez pas vos louanges à des moments où vous êtes soit en public, soit en privé. Si vous lui faites seulement des compliments en public, elle pourrait vous soupçonner de vous vanter devant vos amis. Si vous le faites seulement en privé, elle pourrait croire que cela vous embarrasse de le faire en public. A chaque fois que vous lui faites un compliment, il est important que vous concentriez toute votre attention sur elle. Si elle sent que votre esprit est ailleurs, votre louange aura moins de poids pour elle. En apprenant à faire des compliments vrais et qui aient du poids aux yeux de votre femme, vous verrez une nouvelle étincelle s'allumer dans ses yeux et une vie nouvelle renaître dans votre relation.

Parlez de la louange avec votre femme

1. Apprenez à «amorcer la pompe».

Le mari:	«Quel genre de compliments aimes-tu recevoir?»
La femme:	«Je ne sais pas. Pour autant qu'ils soient sincères, ils me font plaisir.»
Le mari:	«Est-ce que tu as l'impression que je te fais assez de compliments.»
La femme:	«Oui, je crois.»
Le mari	(amorcement de la pompe): «Qu'est-ce que tu penses de mes compliments sur les repas? Est-ce que tu aimerais que je te dise plus souvent combien j'apprécie ta cuisine?»
La femme:	«C'est vrai. Je me souviens que j'ai fait beaucoup d'efforts la semaine dernière, et tu ne l'as même pas remarqué …»

Maintenant, l'eau coule à flots. Si vous pouvez le supporter, continuez à pomper. Montrez votre intérêt et votre compréhension en disant par exemple: «Cela doit vraiment te blesser quand je ne dis rien. Tu mérites une médaille rien que parce que tu me supportes.» Réconfortez-la et aidez-la à se débarrasser de quelques-uns de ses ressentiments refoulés.

2. Recherchez le sens caché des mots.

Le mari:	«Chérie, tu te souviens la semaine dernière quand je t'ai remerciée pour le repas. Est-ce que tu trouves que j'en ai rajouté devant Stéphane et Marie?»
La femme:	«Ne t'inquiètes pas pour cela. Ça ne fait rien.»
Le mari:	«Même quand j'ai dit: Je suis content que vous soyez venus, elle n'a jamais aussi bien cuisiné?»
La femme:	«Oui, c'est vrai. Je me sentais mal à l'aise. Tu laissais sous-entendre que je ne cuisine pas de bons repas pour toi à moins que nous n'ayons des invités.»

Le mari : « Je pensais bien que tu l'avais mal pris. Dis-moi comment j'aurais pu m'exprimer pour faire comprendre ce que je voulais dire ? »

Un mari a besoin d'aider sa femme à être aussi honnête et directe que possible pour qu'il puisse savoir où la relation « pèche ». J'ai si souvent demandé à Norma pendant nos premières années de mariage « de ne pas tourner autour du pot » ou « de ne pas jouer avec moi ». J'avais besoin des faits pour changer mon comportement et apprendre à être un meilleur mari. J'espère que vous encouragez votre femme à être aussi directe que possible pour vous aider à construire une relation plus profonde et plus satisfaisante.

Réflexion personnelle

1. Comment développons-nous une attitude générale positive ?
1 Thes. 5:16-18 :
Romains 8:28 :
Jacques 1:2-3 :
Hébreux 12:11-15 :
2. Qu'est-ce que le fait de louer Dieu nous montre dans notre relation avec lui (Psaumes 100:4) ?

7
Ce qu'une femme admire le plus chez un homme

«Reprends le sage et il t'aimera»
(Proverbes 9:8).

«Je donne ma démission lundi», hurla Jean en faisant irruption dans la pièce. Eliane l'accueillit avec calme et écouta l'explosion de colère de son mari. «Mon chef l'a fait finalement! C'est fini, je ne travaille plus pour lui», dit-il. Eliane l'écouta avec attention exprimer sa frustration, puis elle l'aida à repenser à la situation. Elle lui rappela qu'il ne pourrait jamais retrouver les conditions de travail idéales ou un salaire aussi élevé. Et Jean changea d'avis. Il reconnut par la suite que ce fut la meilleure décision qu'il ait jamais prise. Aujourd'hui, il se plaît dans son travail plus que jamais.

Quand Jean prit en compte l'avis d'Eliane, il prit non seulement une décision sage quant à sa carrière mais aussi quant à son mariage. Le respect et l'admiration qu'elle avait pour lui augmentèrent suite à son ouverture. Le proverbe qui dit que l'humilité précède la gloire (Proverbes 15:33) est encore vrai aujourd'hui. Et plus significative encore est cette vérité qui dit que quiconque tient compte de la réprimande sera honoré (Proverbes 13:18). L'humilité est une attitude intérieure qui se révèle par une ouverture aux idées et aux suggestions des autres. C'est le fait de reconnaître que nous ne savons pas tout, que nous pouvons faire des erreurs, que nous pouvons toujours apprendre et comprendre davantage.

L'incapacité à accepter les conseils des autres peut détruire une relation. Nous allons voir par quels chemins douloureux Laurent a dû passer avant de prendre au sérieux les réprimandes de sa femme. Lili avait essayé pendant dix ans d'expliquer à Laurent combien il la rendait malheureuse, mais il n'arrivait pas à comprendre. Son premier problème était de préférer sa famille à sa femme. A chaque fois que Lili et lui étaient avec sa famille à lui, il trouvait normal qu'elle change son programme pour s'adapter à celui de la famille. Il ne tenait aucun compte de ce qu'elle avait prévu. Pour rendre les choses plus douloureuses, Laurent se mettait de leur côté et prenait leur défense lors des disputes.

De plus, Laurent avait l'habitude de prendre plus d'engagements qu'il n'était capable de tenir. Une promesse par-ci, une promesse par-là. Il lui arrivait souvent d'oublier ses engagements. Il n'avait pas l'intention de faire du mal, et en fait, ses intentions étaient bonnes. Il voulait tellement rendre service qu'il ne savait pas dire non quand on lui demandait quelque chose.

Année après année, Lili essayait de lui faire prendre conscience de ces deux problèmes. Mais rien ne semblait le toucher. Finalement pendant une visite particulièrement pénible dans leur ville natale, Lili craqua. Elle exprima clairement son manque d'amour pour la famille de Laurent, ce qui ne fit que provoquer ses sermons et ses représailles. Ni l'un ni l'autre n'étaient capables de surmonter leurs émotions, aussi Laurent arrêta-t-il la voiture sur un parking. Il resta là dans la voiture pendant près d'une heure, essayant de comprendre le problème, mais il n'y arrivait pas. Ils essayèrent de discuter de ce problème une fois de plus sur le chemin du retour. Enfin Lili trouva les termes qui firent jaillir la lumière en Laurent. «C'est pour cela que tu n'aimes pas ma famille, dit-il. Maintenant je vois pourquoi tu ne veux pas que nous déménagions dans ma ville natale. Quand nous sommes avec ma famille, je prends toujours en considération leur volonté plutôt que la tienne. Tu te sens reléguée au second plan. Je comprends maintenant.» Lili était aux anges. Un problème de moins, un problème d'éliminé.

Cependant, Laurent continuait à être aveugle au deuxième problème, tout comme il l'avait été au premier. Bien que Lili essayât de le lui faire comprendre, ce fut par ses amis qu'il dut l'apprendre finalement – à travers une expérience très pénible. Six de ses amis le convièrent dans le but de lui parler de son problème de prendre trop d'engagements. Ils avaient tous souffert de sa négligence. Honnêtement, bien qu'avec amour, ils expliquèrent à Laurent que son incapacité à dire non les amenait à avoir du ressentiment à son égard. Il mettait son amitié avec chacun à rude épreuve. Il fut si gêné et humilié par cette mise au point que sa première pensée fut *«Pourquoi n'ai-je pas écouté Lili?»* Sa femme fut soulagée de voir qu'il avait finalement compris quel était son deuxième point faible. Son respect pour lui augmenta à cause de sa bonne volonté à faire des progrès, quand il eut fini par comprendre ses torts. Il eut le désir de faire l'effort et le travail nécessaires pour apprendre à aimer Lili (et les autres) correctement.

Fixons-nous quelques objectifs: qu'en tant que maris, nous ayons la sagesse et soyons ouverts pour accepter d'être corrigé (Proverbes 9:8-9). Que nous soyons désireux d'écouter les leçons de chaque chapitre de ce livre, si douloureux ou difficile cela soit-il, et qu'avec notre savoir tout neuf, nous prenions l'engagement de travailler à construire un mariage plus solide. Un mariage plus solide n'est pas le fruit du hasard. Il demande un effort soutenu dans la bonne direction. Les principes de base *présentés dans* chaque chapitre *nous «corrigeront» ou nous empêcheront* de tomber dans certains pièges que nous pouvons rencontrer dans le mariage.

Certains d'entre nous se sont mariés avec un savoir extrêmement limité sur la manière de développer une relation avec leur femme. Mais ce n'est pas sans espoir. Avec beaucoup de patience – et d'enseignement – nous pouvons apprendre. Un homme a besoin de faire un bilan pour voir où il en est dans son mariage et pour être capable *d'admettre* qu'il a un long chemin à parcourir. Votre femme peut certainement vous aider à faire ce bilan et vous suggérer quelques améliorations.

Comment décririez-vous la femme idéale?

Pouvez-vous imaginer le sentiment d'exaltation que vous auriez si votre femme disait: «Comment puis-je devenir une meilleure épouse?» Imaginez un instant le sentiment de joie extraordinaire que vous ressentiriez à ce moment-là. Vous seriez bouleversé de tant d'attentions. Fermez les yeux un instant, installez-vous confortablement dans votre fauteuil et imaginez que votre femme vous pose cette question. Ce serait extraordinaire, n'est-ce pas? Si vous voulez que votre femme fasse cela pour vous, donnez-lui l'exemple et faites des efforts pour devenir un meilleur mari. *Demandez-lui ce que vous devez changer pour cela.* Vous lui redonnerez l'espoir de réussir le type de mariage dont elle a toujours rêvé. Si elle voit que vous êtes sincère, elle finira par se sentir beaucoup plus responsable de vos besoins et de vos désirs.

Voulez-vous être le type de mari dont les épouses se plaignent le plus? Il vous suffit d'avoir l'attitude arrogante de «monsieur-je-sais-tout» et avoir assez de mauvaise foi pour refuser d'admettre que vous vous êtes trompé. Quatre mots produisirent un tel dégoût dans le cœur d'une femme qu'elle dit: «Il me rend malade. Je me demande comment j'ai pu épouser un homme pareil, je me suis mise dans une belle situation!» Et quels sont ces quatre mots?: *«Je ne changerai jamais».* Selon les Ecritures ce sont les insensés qui se comportent de cette façon (Proverbes 12:15; 18:2). *«Je ne changerai jamais,* répétait son mari, alors n'essaie pas de me changer et ne me dis pas non plus ce que j'ai besoin de changer. Si tu crois qu'il est tellement important de changer, tu n'as qu'à changer toi et me laisser en paix. Le plus grand changement dont notre mariage ait besoin, c'est que tu apprennes à te taire!»

Les femmes me disent qu'elles admirent et respectent un mari qui reconnaît ses erreurs, spécialement quand il recherche l'avis de sa femme pour évoluer. Je crois qu'un homme doit *se motiver lui-même* pour s'intéresser davantage aux suggestions de sa femme sur sa façon de s'améliorer (Proverbes 9:9). Une fois qu'il lui a demandé son avis, il devrait se conformer aux principes énoncés ci-dessous.

Comprenez ce qu'elle a voulu dire

Tout d'abord, essayez de comprendre ce que votre femme a réellement voulu dire par ses mots. Cela vous évitera de réagir aux mots eux-mêmes. Vous est-il déjà arrivé de dire à votre femme: «Tu as tort, je ne fais pas *toujours* cela. Tu ne trouves pas que tu exagères? Elle n'avait probablement pas l'intention de donner au mot *toujours* le sens de «à chaque fois». C'est sa façon à elle de souligner un fait. L'homme sage voit au-delà de ce mot agressif et dit: «Dis-moi ce que tu ressens en ce moment, ce que tu penses quand tu me dis cela. Dis-moi pourquoi tu as éprouvé le besoin d'employer ce mot ‹toujours›». Rassurez-la: elle n'est pas obligée d'expliquer tout en détail au moment même. Demandez-lui si elle aimerait prendre le temps d'y repenser pendant un jour ou deux. Celui qui veut vraiment apprendre, n'exige rien des autres, en les obligeant à se soumettre sur-le-champ à ses désirs. Il laisse aux autres le temps de sentir, penser et changer le vocabulaire qu'ils ont employé. Plus d'un mari a refusé d'écouter les remontrances de sa femme, parce qu'il se bloque sur les mots qu'elle a utilisés. Les mots n'ont aucun sens en dehors de l'interprétation que nous leur donnons. Il est de notre responsabilité, dans notre communication avec notre femme, de comprendre ses *véritables* intentions.

Le ton de voix d'un mari et les expressions de son visage révèleront si ses motivations pour apprendre sont sincères. Sa femme ne sera pas aussi honnête si elle sent qu'il n'a pas réellement l'intention d'apprendre et de changer.

Le chapitre 10 traite de l'approfondissement de la communication, aussi conclurai-je par ce résumé: évitez de réagir aux mots que votre femme utilise et cherchez à comprendre le sens ou l'intention qui se cache derrière eux.

Laissez ses paroles faire leur chemin en vous

Laissez les paroles de votre femme pénétrer en vous comme une bonne pluie de printemps. Abstenez-vous de répondre jusqu'à ce que vous ayez pleinement compris leur sens. Norma m'a dit il y a quelques années que je fronçais les sourcils quand je disais certaines choses à nos enfants. Elle me dit qu'ils avaient l'impression que j'étais en colère après eux, que je les rejetais. Mes sourcils fournis leur faisaient peur, me dit-elle. «Je ne fronce pas les sourcils et je ne suis pas en colère», lui dis-je. Mais après avoir *pris le temps* de me regarder dans la glace, je lui dis: «Tu as raison, je vais y prendre garde. Tu as bien fait de me le signaler.»

Considérez que vous êtes responsable de l'échec

Quand mes enfants étaient jeunes, j'avais l'habitude de leur envoyer des chiquenaudes chaque fois qu'ils se tenaient mal. Si l'un d'entre eux mangeait la bouche ouverte, je lui en envoyais une par-dessus la table en disant «Ferme ça». Norma me fit remarquer combien cela abaissait et blessait nos enfants. Quel acte méprisable. De plus, cela doit faire mal, puisque je me faisais mal aux doigts.

Je savais du plus profond de moi-même que le fait de leur envoyer des pichenettes n'était pas juste. Parfois au moment où je le faisais, Norma demandait à Kari: «Comment te sens-tu?» Et Kari de répondre: «Je me sens malheureuse à chaque fois que Papa fait ça».

Je trouvai finalement le moyen de couper avec cette habitude. Je dis à chacun de mes enfants: «A chaque fois que je vous traite ainsi quand je suis irrité ou en colère, je vous donne cinq francs». (Je pensais que c'était un bon moyen, parce que je n'aimais pas tellement jeter l'argent par les fenêtres.) Croyez-moi, mes enfants sont suffisamment attentifs pour ne rien laisser passer. Et cela fait longtemps maintenant que je n'ai plus envoyé de chiquenaude à l'un d'entre eux.

Il se peut même que vous arriviez à rire ensemble de ce qui, autrefois, était un problème. Un jour, mon fils Greg rentra à la maison en mangeant une barre de chocolat qu'il venait de s'acheter et qui avait l'air délicieuse. Je demandais d'en goûter: *c'était très bon*. Kari et Michael entrèrent à ce moment-là et voulurent également goûter. Bientôt, Greg regretta d'avoir ouvert sa friandise devant nous. Michael trouva que Greg n'était pas trop généreux avec le petit bout qu'il lui avait donné, aussi décida-t-il de s'en acheter une. Il demanda à Greg où il l'avait acheté et combien elle coûtait. Alors, avec un regard plein d'envie et d'attente, il dit: «Papa, pourrais-tu m'envoyer une chiquenaude, s'il te plaît? J'ai besoin de cinq francs».

Cherchez à obtenir son pardon

Comme je l'ai dit plus haut, une femme n'aime pas être critiquée. Si vous l'avez blessée dans le passé, elle n'aura peut-être pas envie de vous donner un conseil ou de vous «corriger». Cherchez à vous faire pardonner pour rétablir une bonne communication. Son admiration et son respect pour vous en seront renforcés et maintenus par votre volonté d'admettre vos erreurs. Puisque le chapitre 5 traitait du pardon, revenez-y de temps en temps quand vous avez besoin de secours dans ce domaine.

Acceptez ses conseils avec gratitude

Un homme reconnaissant est richement récompensé – sa femme est moins agressive, elle est plus douce et a plus d'admiration pour lui. Quand un homme se montre reconnaissant pour les critiques de sa femme, elle se sent plus libre d'être gentille la prochaine fois qu'elle aura quelque chose à lui dire. Il n'y a pas besoin d'être agressif quand vous avez un auditeur reconnaissant. Une femme admire davantage son mari quand il veut la remercier pour ses conseils ou ses critiques. (La seule exception est quand une femme a été *profondément* blessée par son mari. Elle a alors besoin de beaucoup de temps et de patience avant d'être de nouveau capable d'exprimer de l'admiration et de la gentillesse. N'abandonnez pas quand vous êtes si prêt du but).

Continuez à vouloir comprendre ce qu'elle veut vraiment dire au-delà des mots qu'elle emploie, laissez-les pénétrer en vous et tirez les conclusions de votre échec. En continuant à la remercier de vous aider, vous commencerez à entrevoir le développement d'une relation plus solide.

Bien que l'exemple suivant soit celui d'un père et de son fils, il peut s'appliquer à un mari et sa femme. Le père de Marc s'était comporté de façon irresponsable dans de nombreux domaines pendant la petite enfance, puis l'adolescence de son fils. Il disciplinait Marc en lui donnant des coups de pied, en le ridiculisant, en le grondant et en lui donnant des claques. Le résultat fut que Marc se renferma en lui-même. Il déménagea de la maison. Quand j'expliquais à son père combien il avait écrasé la personnalité de son fils dans le passé, il réalisa qu'il n'avait pas simplement détérioré *leur* relation, mais sans doute toute relation future de son fils.

Parce qu'il voulait vraiment renouer avec Marc émotionnellement, mentalement et physiquement, le père prit un rendez-vous avec son fils. Cela lui demanda beaucoup de courage, mais il admit devant Marc qu'il avait tort et qu'il était désolé de n'avoir pas été le père qu'il aurait dû être. Pendant cette confession, il mentionna tous les incidents blessants dont il pouvait se rappeler.

Son fils se rappelait aussi ces incidents-là. «Mais, Papa, ce n'est pas tout.» Alors, pendant les quelques minutes qui suivirent, il rappela à son père toutes les autres choses qu'il avait faites pour le blesser. Le père de Marc était suffoqué de voir à quel point les souvenirs de son fils étaient vivants et proches pour lui. Ils effacèrent l'ardoise. Et pour la première fois, Marc alla vers son père pour l'embrasser.

Quand vous blessez votre épouse, elle se retire mentalement, émotionnellement et physiquement. Mais vous pouvez apprendre comment la ramener vers vous. Votre bonne volonté à apprendre l'encouragera à être plus ouverte, car elle se sentira sécurisée en voyant que vous avez un réel désir de changer.

Réflexion personnelle

1. Comment un mari devient-il sage et fait-il grandir l'amour qu'il a pour sa femme (Proverbes 9:8-9)?
2. Quelles sont les conséquences lorsqu'on écoute ou, au contraire, n'écoute pas les conseils de Dieu (Proverbes 1:22-23)?

8
Si votre femme ne se sent pas protégée, elle vous négligera

«Or, personne n'est si insensé qu'il haïsse son propre corps, au contraire, chacun le nourrit de son mieux et l'entoure de soins. C'est exactement ce que Christ fait pour son Eglise, c'est-à-dire pour nous»
(Ephésiens 5:29).

Daniel et Josiane étaient mariés depuis plus de vingt ans, quand il m'appela affolé. «Josiane me quitte pour un autre homme», dit-il. Il était écrasé et bouleversé. «Gary, y-a-t-il quelque chose que tu puisses faire pour m'aider?» Le problème principal de Daniel fut facile à détecter quand nous nous rencontrâmes pour parler. Laissez-moi vous expliquer pourquoi il avait perdu sa femme en prenant l'exemple de son passe-temps favori.

Daniel était un jardinier méticuleux et expérimenté. Des fleurs luxuriantes entouraient sa cour bien entretenue. Des pruniers protégeaient de leur ombre la verdure délicate. Daniel savait où planter chaque variété de fleurs pour lui donner la quantité de soleil et la qualité de sol adéquates. Comme les besoins de chaque plante sont spécifiques, il avait pris le temps de les connaître de façon à savoir exactement quelle quantité d'engrais et autres nutriments étaient nécessaires. Les résultats étaient magnifiques. Mais, tandis que son jardin était un flamboiement glorieux de l'harmonie de la nature, son mariage se désagrégeait par manque de soins. Il mettait à son travail et à ses diverses activités le même enthousiasme qu'il avait pour son jardin, ce qui lui laissait peu de temps pour Josiane.

Daniel n'avait pas la plus petite idée des besoins de sa femme. Il n'avait qu'une faible notion de la façon de la protéger «des brûlures provoquées par le soleil et le vent». Non seulement il échoua sur ce plan, mais il la convainquit par des arguments logiques qu'elle devait être à la hauteur de ses responsabilités de maîtresse de maison, alors qu'elle s'en sentait incapable. Pendant leurs vingt années de vie commune, Daniel n'avait pas réussi à écouter ses plaidoyers lui demandant sa tendre protection.

Non seulement Josiane avait un travail à plein temps, mais elle avait la responsabilité des finances, des repas, du ménage et des enfants. Elle dut faire face seule à de nombreuses crises pendant que Daniel était à la pêche, à la chasse ou qu'il cultivait ses fleurs. Il ne pouvait pas reconnaître que Josiane avait besoin de son mari pour la soutenir pendant les moments de «stress», quelqu'un pour la protéger de certaines tâches difficiles. (Nous avons tous besoin d'une telle protection à certains moments). Elle avait besoin d'être acceptée et aimée comme une personne avec ses limites propres. Comme Daniel avait échoué en cela de façon répétée, elle chercha ailleurs.

Quand un homme ne connaît pas les limites de sa femme ou l'accuse de paresse, de nombreux malentendus peuvent en résulter. Par exemple une femme ayant plusieurs enfants en bas-âge peut être totalement épuisée à la fois physiquement et mentalement dès cinq heures de l'après-midi. Si son mari ne le reconnaît pas, il peut lui en vouloir de refuser des relations sexuelles à dix ou onze heures du soir, alors qu'elle est trop fatiguée même pour penser à vivre quelque chose sur le plan amoureux avec lui.

Certains hommes pensent que leurs femmes vont profiter d'eux s'ils sont gentils, aimants et généreux. Pierre avait l'intention d'être plus que large sur le plan financier pour voir si sa femme en profiterait. Le jour de son anniversaire, il lui dit qu'il aimerait l'aider à acheter quelques vêtements, mais ne fit jamais mention de la somme qu'elle pouvait dépenser. Au bout de deux heures et après avoir fait quelques magasins, il commençait à avoir mal aux pieds. Il se demandait si cette sortie d'anniversaire était vraiment une bonne idée. «Hélène, comment trouves-tu cette robe? Je suis sûr qu'elle t'irait bien.» «Non, je ne l'aime pas».

Finalement ils entrèrent dans une boutique où Hélène trouva un coordonné jupe, veste, chemisier et pantalon qu'elle trouva à son goût. Bien que cela commençât à faire une somme rondelette, Pierre dit: «Hélène, regarde! Une robe en solde». (Un mot d'avertissement à ce sujet: une femme peut être offensée si son mari *limite* son «pouvoir d'achat» aux soldes). La robe plut à

Hélène qui l'essaya. Pierre demanda: «Pourquoi ne l'achètes-tu pas?» «Pierre, je ne devrais pas dépenser davantage de notre argent». «Ça n'a pas d'importance, n'hésite pas à l'acheter, répliqua Pierre. Je l'aime bien sur toi. Regarde, que penses-tu de cette robe?» «Cela devient ridicule», protesta Hélène. Mais comme il insistait, elle l'essaya.

Arrivé à ce stade, il commença à se demander si elle achèterait toutes les robes qu'il lui disait d'acheter. «Oh, j'aime également celle-là, Hélène». «Je ne peux pas acheter toutes ces robes, dit-elle. Cela devient ridicule. Nous ne pouvons pas nous le permettre». «Et alors? répond-il. Tu as plus d'importance que l'argent, et même si je dois faire des heures supplémentaires, je suis heureux de le faire», et il la poussa à acheter cette robe. Elle répondit: «Tu me mets dans l'embarras. Je ne veux pas acheter une autre robe. Je t'en prie, payons pour ce que j'ai choisi, et allons manger quelque chose». «Allons, Hélène, achètes-en une juste pour moi. Je veux vraiment que ce soit un jour spécial pour toi». «Pierre, je ne peux pas faire cela», dit-elle. «D'accord, payons.»

Pierre n'admit que quelque temps plus tard qu'il voulait juste prouver qu'une femme bien traitée n'en profite pas. Il la félicita d'être économe et prudente, fier de sa volonté de coopérer à la sécurité financière qu'ils désiraient tous deux. Maintenant il ne s'inquiète jamais de ce qu'Hélène fasse des dépenses inutiles. Il a confiance qu'elle saura acheter au meilleur prix. Cette expérience l'a également convaincu qu'Hélène ne profitera pas de lui dans d'autres domaines (de leur vie commune).

Si vous avez été avare, ou si vous avez critiqué la façon dont votre femme fait usage de l'argent, ou si votre relation n'est pas aussi solide qu'elle devrait l'être, je vous déconseille de tenter une telle expérience avant que votre relation ne soit plus solidement établie. Mais si votre mariage a des fondements solides, je vous encourage à tenter l'expérience pour que vous ayez la preuve que votre femme n'en profitera pas si elle est traitée avec tendresse et un amour véritable.

Quand l'Ecriture nous enseigne qu'un mari doit chérir son épouse (Eph. 5:29), cela veut dire la protéger, en particulier dans les domaines où elle se sentirait mal à l'aise émotionnellement ou physiquement.

Trois moyens pour protéger votre femme et l'aider à être plus épanouie

1. Sachez voir dans quel domaine votre femme a besoin de protection.
Tout d'abord un mari a besoin de découvrir les domaines dans lesquels sa femme se sent vulnérable. A travers des discussions informelles, et des observations que vous avez pu faire, vous pouvez établir mentalement une liste des domaines majeurs et de ceux de moindre importance où votre femme a peur ou se sent frustrée. Le fait de conduire une voiture par exemple est une des zones vulnérables chez ma femme. Parce qu'elle était impliquée dans un très grave accident de voiture où plusieurs de nos amis ont été tués, elle est naturellement très prudente lorsqu'elle conduit ou est passagère dans une voiture. Elle se sentirait frustrée si je ne lui permettais pas d'être extrêmement prudente, connaissant les circonstances. Elle se sent aussi vulnérable quand elle conduit sur de longs trajets, toute seule en hiver, parce qu'elle a peur que la voiture ne tombe en panne. Quand nous vivions à Chicago, la voiture tomba deux fois en panne et elle dut accepter l'aide d'automobilistes qui passaient par là. Elle aurait très bien pu être agressée ou blessée, elle ou les enfants. Maintenant que je suis conscient de ses peurs, je ne la pousse plus à faire de longs trajets seule.

Qu'en est-il de ses limites physiques?
Très souvent un homme traite sa femme avec trop de brutalité. Il n'est pas conscient que la résistance physique de sa femme l'empêche d'apprécier la brutalité, même si c'est pour s'amuser.
Une épouse me confia que son mari aimait se bagarrer, mais il ne réalisait pas combien il l'avait blessée. Il ne l'a jamais fait intentionnellement, mais elle se retrouvait avec des ecchymoses sur les

bras ou sur le corps après s'être «battue» avec lui sur la moquette. Il était brutal avec elle dans d'autres situations. Par exemple, ils étaient un soir allés faire les courses, et elle s'attardait au rayon «librairie». Son mari l'attendait au parking avec un sac d'aliments pour chiens et d'autres articles. Quand elle l'eut rejoint, il lui dit: «Pas étonnant que tu ne te dépêches pas de sortir de là ... Ce n'est pas toi qui portes les achats». «Eh bien d'accord, je vais t'aider», dit-elle. Pour s'amuser il lui envoya le paquet d'aliments pour chiens qui la frappa si fort à l'estomac qu'elle en perdit le souffle. Le retour fut silencieux. Comme ils arrivaient chez eux, il dit: «J'étais silencieux, mais non parce que j'étais en colère contre toi; je suis en colère après moi de t'avoir fait mal une fois de plus». Il voulait faire un effort pour changer de conduite, parce qu'il réalisait qu'elle avait besoin d'être traitée avec plus de tendresse et de soin.

Qu'en est-il des pressions financières?

Un homme a aussi besoin de protéger sa femme des inquiétudes financières inutiles. Beaucoup de femmes supportent une quantité énorme de soucis à cause de l'irresponsabilité du mari en matière de finances. Pour compenser les dépenses excessives, un mari peut obliger sa femme à travailler, alors qu'il vaudrait mieux qu'elle soit à la maison avec ses enfants. En fait, certains maris l'exigent, pensant qu'elle devrait «faire sa part». Si une femme est à la maison toute la journée, son mari s'attend souvent à ce qu'elle s'occupe des factures et de la comptabilité de la famille, parce qu'il se demande ce qu'elle «peut bien faire à la maison toute la journée». Il se peut qu'il pense, *je travaille huit heures par jour. Le moins qu'elle puisse faire est de s'occuper des factures et des finances.*

S'il s'agissait simplement d'une affaire de suivi de comptes, cela ne serait pas un problème. Mais, quand il faut jongler avec un chéquier dont les chiffres ne s'équilibrent pas, sentir la tension monter parce qu'il n'y a pas assez d'argent, décider quelle facture il faut payer en premier, et passer des coups de téléphone pour arranger les affaires, la charge peut devenir trop lourde pour certaines femmes, physiquement et émotionnellement. Le problème est amplifié quand le mari dépense l'argent sans compter et pour son propre plaisir.

Je fis cette erreur pendant les premières années de notre mariage. Norma travaillait dans une banque, et j'en déduisis qu'une personne qui travaille dans un tel endroit est de toute évidence capable de s'occuper des finances du ménage. Comme le côté «finances» était mon point faible à l'époque, je lui demandai si elle voulait prendre cette responsabilité, ce qu'elle fit de bonne grâce pendant 4 ou 5 ans. Un jour cependant, elle vint vers moi en larmes, déposa sur mes genoux les livres de comptes, le carnet de chèques et toutes les factures, et me dit qu'elle ne pouvait pas s'en occuper plus longtemps. Nous avions chacun un carnet de chèques et un seul compte en banque. Je faisais des chèques, espérant que le compte était approvisionné et cela donnait un énorme souci à ma femme. Aujourd'hui, je lui suis reconnaissant de m'avoir confié les finances parce qu'elle m'a obligé à prendre plus de responsabilités pour le bien-être matériel de notre famille.

Faut-il attendre d'elle qu'elle se charge tout le temps de la cuisine?

Il y a beaucoup d'hommes qui traitent leur femme comme un objet qu'ils utilisent. Ils ne le formulent pas, mais ils ont la conviction intime que leur femme devrait rester à cuisiner ou à faire le ménage pendant qu'ils jouent au golf, vont à la chasse, ou regardent le match à la télévision. Avez-vous jamais remarqué que, dans les réunions de famille ou entre amis, on s'attend habituellement à ce que les femmes s'affairent à la cuisine pendant que les hommes discutent? On habitue en général les filles à s'occuper des besoins particuliers d'un élément masculin de la famille. Par exemple, une mère dira: «Va demander à papa s'il veut un café». Mais on demande plus rarement la même chose à un petit garçon.

Pendant nos premières années de mariage j'avais un réel problème avec ce que je considérais être les rôles respectifs de l'homme et de la femme: le travail de Norma était de faire la cuisine, et le mien de réparer la voiture. Finalement, je réalisai que je pouvais aussi bien faire la cuisine et ranger la maison, en particulier lorsque Norma avait besoin de repos ou d'un peu de solitude. En tant qu'hommes nous devons réfléchir davantage aux rôles traditionnels et choisir ce qui est le mieux sur la base d'un amour véritable et l'engagement de chérir notre épouse. Pensez aux limites de votre femme avant d'attendre d'elle qu'elle prenne des responsabilités *supplémentaires*. Si vous y réfléchissez au préalable, vous éviterez une tension supplémentaire dans votre relation et protègerez la vie mentale, émotionnelle et physique de votre femme.

Qu'en est-il de son besoin de repos?

Pourquoi certains hommes pensent-ils que leurs femmes ont moins besoin de sommeil qu'eux-mêmes? Pendant que le mari dort, la femme prépare le petit déjeuner et prend soin des enfants. C'est certainement vrai quand il y a des enfants en bas-âge. Pendant nos premières années de mariage, quand nos enfants pleuraient durant la nuit, je m'attendais automatiquement à ce que ma femme se lève et s'occupe d'eux. Et c'est ce qu'elle faisait. Je ne me suis jamais senti poussé à me lever ou à prendre soin des enfants. Soyez tendre et attentif à ses besoins physiques. Soyez le chef en prenant les mesures nécessaires pour assurer à votre femme le repos dont elle a besoin.

Qu'en est-il de la charge des enfants?

Mon épouse m'a souvent dit combien elle apprécie les moments où je prends en charge les enfants quand je reviens du travail. Elle peut ainsi préparer tranquillement le dîner. Elle est aussi reconnaissante d'avoir quelquefois du temps pour elle. Elle aime que je les emmène à l'extérieur pour jouer, dans une autre pièce pour lire ou simplement parler avec eux d'un sujet de leur choix. Après le dîner, les enfants et moi débarrassons souvent la table et faisons la vaisselle pour permettre à Norma d'avoir un peu de temps libre. Au lieu de lui en vouloir d'avoir besoin de mon aide, comme c'était le cas autrefois, je cherche maintenant comment l'aider aussi souvent que possible.

Les idées ingénieuses et nouvelles de votre part sont beaucoup plus valables que le temps ou l'énergie qu'elles prennent. Elles consolident votre mariage et déchargent votre femme.

Jean réjouit le cœur de Déborah quand il lui demanda de le laisser préparer le dîner, mettre la table et donner à manger aux enfants. Il lui dit qu'il avait un cadeau pour elle, si elle le laissait s'occuper de tout cela – une bouteille d'huile de bain. Pendant qu'elle prenait un bain, il prit soin de la maisonnée. C'était un tout petit cadeau. Cela demanda à Jean un peu de son temps. Mais pour Déborah, cela voulait dire qu'il était assez attentif à ses besoins pour lui donner quelque chose de lui-même en plus.

Qu'en est-il des tensions dues à un déménagement?
Le fait de déménager d'une ville dans une autre est toujours un pas très important pour une femme. Cela demande à son mari d'être encore plus attentif à ses limites. Souvent, la résistance émotionnelle et physique d'une femme est épuisée par la routine quotidienne normale. Un déménagement augmente évidemment les soucis, même quand il est le bienvenu.

Quelle peut être la cause de la tension la plus importante?
En tant que maris, nous avons besoin d'être attentifs à la quantité de stress à laquelle notre femme doit faire face quotidiennement. Pour soulager votre femme, vous devez d'abord être sensible aux situations qui lui causent le plus d'anxiété. Pour vous aider, nous avons inclus le test Holms-Rahe sur le stress qui énumère les situations de la plus stressante à la moins stressante. Faites-le pour voir à quelle quantité de stress vous êtes soumis actuellement.

Si votre score est de 150 points ou moins, il y a 33% de chances que vous en subissiez les conséquences dans un délai de deux années. S'il est entre 150 et 300, les chances sont de 50%, et s'il est de 300 et au-dessus, les chances sont de 80%. Fixez-vous comme but de protéger votre femme dans tous les domaines où elle a des peurs ou se sent vulnérable. C'est la première façon de lui montrer combien vous la chérissez.

Test Holms-Rahe sur le stress

Au cours des 12 derniers mois avez-vous été confronté à un ou plusieurs événements suivants?:

Evénement	Points
Décès du conjoint	100
Divorce	73
Séparation	65
Séjour en prison	63
Décès d'un membre de la famille proche	63
Accident ou maladie	53
Mariage	50
Licenciement	47
Réconciliation dans le couple	45
Retraite	45
Altération de la santé de l'un des membres de la famille	44
Grossesse	40
Difficultés sexuelles	39
Elargissement de la famille	39
Changement dans le travail	39
Changement de statut financier	38
Décès d'un ami proche	37
Augmentation des conflits conjugaux	35
Hypothèque ou emprunt de plus de 50 000 FF	31
Annulation avant terme d'une hypothèque	30
Changement de responsabilités dans le travail	29
Fils ou fille quittant la maison	29
Problèmes avec la belle-famille	29
Objectif personnel non réalisé	28
L'épouse commence (ou recommence) à travailler	26
Début ou fin des études	26
Changement dans les conditions de vie	25
Révision des habitudes personnelles	24
Problèmes avec l'employeur	23
Changement dans les conditions ou horaires de travail	20
Changement de lieu de résidence	20
Changement d'école	20
Changement de loisir	19
Changement d'activités au sein de l'église	19
Changement d'activités sociales	18
Hypothèque ou emprunt inférieur à 50 000 FF	18

Changement dans les rythmes de sommeil	16
Changement du nombre des réunions de famille	15
Changement dans les habitudes culinaires	15
Vacances	12
Période de Noël	13
Violation mineure de la loi (délit mineur)	11
Total	

2. Découvrez dans quel(s) domaine(s) votre femme souhaite être comblée.

Une autre façon de chérir votre femme est de l'aider à devenir une personne épanouie. Vous pouvez le faire en découvrant ses objectifs personnels et en l'aidant à les atteindre, si possible. Nous aimons tous être encouragés, être applaudis quand nous atteignons le but. Quand son mari l'aide à atteindre un objectif personnel, cela donne à une femme le sentiment qu'elle est utile et a de la valeur.

De temps en temps, ma femme et moi prenons rendez-vous pour un petit déjeuner au-dehors ou juste une retraite loin de la maison. Nous en profitons pour faire la liste de nos objectifs personnels. Nous nous promettons réciproquement de nous aider à remplir ces objectifs. Ce livre est le résultat d'un objectif que ma femme et moi voulions atteindre ensemble. Elle était tout aussi enthousiaste que moi, et je savais qu'elle était d'accord pour que je prenne plusieurs semaines loin de ma famille pour travailler à notre objectif.

Je suis si heureux de savoir que ma femme est prête à faire des sacrifices pour m'aider à atteindre mes objectifs, que je suis enchanté de l'aider à atteindre les siens. Je sais qu'elle s'est fixé comme objectif de conserver une bonne forme physique et nous avons décidé qu'elle ferait partie d'un groupe de gymnastique. Je suis prêt à garder les enfants, afin qu'elle puisse s'entraîner régulièrement, l'aidant ainsi à atteindre ce but.

Prenez le temps de vous concerter et demandez à votre femme d'énumérer certains de ses projets. Elle pourrait avoir envie de poursuivre ses études, de se perfectionner dans son métier, d'apprendre à coudre ... Ses buts peuvent changer quand elle découvrira les pressions qu'elle subit ou ses motivations sous-jacentes. Peut-être dit-elle qu'elle veut retourner étudier, alors qu'en réalité elle a besoin de ne pas avoir à s'occuper des enfants durant quelques jours. En la soulageant de certaines charges, vous pouvez l'aider à orienter ses énergies dans la bonne direction, l'aider à réaliser ses *véritables* objectifs. Je crois qu'il est de notre responsabilité de découvrir les buts de notre femme et de comprendre comment elle veut s'épanouir. Alors, nous devons la laisser être ce qu'elle veut en respectant ses ambitions particulières.

3. Découvrez les problèmes personnels que votre femme veut résoudre

Ma femme avait envie de parler à d'autres femmes de la manière d'être épanouie en étant une femme au foyer et mère de famille. Malheureusement, pendant les premières années de notre mariage, elle devint timide et n'osa plus parler à des groupes, à cause d'une de mes irresponsabilités. J'avais l'habitude de corriger ses fautes ou de faire des suggestions pour améliorer ses méthodes. A chaque fois que je l'entendais parler devant un groupe, j'attirais son attention sur la plus petite imperfection. J'en savais si peu sur la nature sensible de ma femme, que bientôt elle arrêta de parler en public à cause de mes critiques. Il fallut cinq années *d'encouragements* et *de louanges* pour soigner les blessures que je lui avais infligées sans y prendre garde. Maintenant, elle parle de plus en plus fréquemment devant des groupes, mais reste toujours très tendue quand je fais partie de l'auditoire.

Votre femme ne vous a-t-elle jamais déclaré solennellement un beau matin qu'elle allait maigrir ... et le soir vous la retrouvez en train de manger un gâteau? L'attitude la plus blessante que vous puissiez avoir est de lui rappeler sa décision du matin. Cependant, vous pouvez la réconforter en ne disant rien du tout ou en mettant votre bras autour d'elle pour lui dire: «Je t'aime pour ce que tu es, et non pour ce que tu décides de faire.» Elle se sent probablement assez déconfite de son manque de volonté. Le fait de savoir qu'elle est aimée *telle qu'elle est* peut *renforcer* sa confiance en elle-même et augmenter sa volonté.

En résumé, une femme aime construire une relation durable avec un homme qui prend suffisamment soin d'elle pour la laisser se reposer sur lui quand elle a besoin de réconfort. Elle a besoin d'un homme qui comprenne ses craintes et ses limites afin qu'il puisse la protéger. Elle sent qu'elle a de l'importance quand son mari la défend en présence de quelqu'un qui la critique.

Chaque personne est unique, et le seul moyen de découvrir les besoins de votre femme est d'en discuter avec elle. Vous pouvez lui demander si elle sent que vous l'aidez et la protégez dans les domaines suivants:
Les finances;
L'éducation des enfants;
Les besoins de la maison et les différentes responsabilités;
Le futur – assurance, testament;
Son emploi et ses collègues de travail;
Ses amis et sa famille.

Vous devriez également vous efforcer de découvrir comment elle aimerait être comblée en tant que personne. Demandez-lui d'expliquer les deux ou trois objectifs qu'elle a toujours rêvé d'atteindre. Puis, réévaluez vos objectifs ensemble chaque année.

Réflexion personnelle

1. Définissez clairement l'expression «en prendre soin» telle qu'elle est employée dans Ephésiens 5:29. Demandez l'aide de votre pasteur ou consultez un commentaire biblique.
2. Comment Paul encourage-t-il les chrétiens à se comporter les uns envers les autres? Comment traitez-vous votre femme? (1 Thessaloniciens 5:11,14).

9
Querelles de mots ... il y a de meilleures méthodes

«C'est pourquoi l'homme délaissera père et mère pour s'unir à sa femme et les deux ne feront plus qu'un seul être» (Ephésiens 5:31 – Parole Vivante).

Une simple convention peut éviter toutes les disputes violentes entre vous et votre femme. Non, il ne s'agit pas du divorce! Cet accord augmentera le temps que vous passez avec votre épouse à discuter de sujets importants – sans la colère habituelle ou le silence de routine – et permettra à votre femme d'augmenter son respect d'elle-même.

Ma femme et moi nous heurtâmes à ce concept lors d'une discussion houleuse un certain quatre juillet, il y a six ans. Nous nous bombardions verbalement et sauvagement sans discontinuer. Je voulais que nous passions nos vacances dans le Colorado au mois de juillet; ma femme voulait partir en Floride au mois d'août. Comme nous n'arrivions pas à nous résoudre à prendre des vacances séparément, la discussion devenait de plus en plus chaude et nous n'en voyions pas la fin. De manière cinglante, je comparai son attitude avec celle de la femme célibataire la plus soumise de mon bureau. «Tu ne gardes pas ton calme et de plus tu as tort, dis-je.» «Je n'ai jamais rencontré cette femme ‹si maîtresse d'elle-même› dont tu parles, répondit-elle avec colère. Si tu peux m'en présenter ne serait-ce qu'une seule, alors je pourrais envisager de suivre son exemple».

A ce moment-là me vint l'idée «géniale» qui nous a permis d'éviter les orages les six années qui suivirent. Je demandai à Norma si elle voulait bien laisser tomber la discussion et tenter une expérience pendant deux mois. «Tu ne prends pas de décisions dans la maison, qui me concerne ainsi que le reste de la famille, sans mon total accord, lui proposai-je. Et je ne prends aucune décision qui vous concerne sans ton plein accord».

Je ne savais pas si l'expérience serait concluante, mais je savais que j'étais fatigué des querelles et discussions vaines qui ne menaient qu'à des crises de larmes et à un silence chargé de colère. Comme je travaillais pour une organisation qui enseigne l'harmonie familiale, je souhaitais désespérément y parvenir dans ma propre famille. (Vous savez sans doute que le cordonnier est le plus mal chaussé!)

Nous devions faire un gros effort pour arriver à un accord réel. Nous devions discuter ensemble longtemps. Nous étions également obligés de découvrir les raisons qui motivaient chacun de nos commentaires. Je devais chercher ce que Norma voulait dire et comprendre ses schémas de référence pour pouvoir la convaincre de mon point de vue. Plusieurs de nos discussions se terminèrent par le consensus suivant: puisque nous ne pouvions pas nous mettre d'accord, nous devions tout simplement attendre. De façon assez étonnante, beaucoup de «problèmes» semblèrent se résoudre d'eux-mêmes – ou du moins, leur importance sembla diminuer au fur et à mesure que les jours passaient.

En dépit de son succès, j'enfreignis notre principe au bout de deux mois. Entendant le ton qui montait entre Kari et Greg à table, je me ruai en justicier, juste à temps pour voir Greg envoyer à travers la table son assiette, dont le contenu alla s'étaler sur les genoux de Kari. J'étais sur le point d'emmener Greg dans sa chambre pour le punir quand Norma dit qu'elle n'était pas d'accord. «Notre expérience ne s'applique pas à toutes les situations, dis-je coupant court. Je ne peux pas renier mes responsabilités de père envers Greg, juste parce que tu n'es pas d'accord. Je suis désolé. Cette fois je dois passer outre à ce que tu me dis».

Après que Greg et moi eûmes eu notre «petite conversation», Norma m'accueillit froidement dans la cuisine. «Norma, je devais faire ce que j'estimais juste, expliquai-je. Je souhaite que nous puissions être d'accord dans chaque situation, mais ce n'est pas réalisable» Elle répliqua: «Je ne crois pas que tu aies pris le temps de t'informer des faits». «J'ai vu tout ce que j'avais besoin de savoir».

Mais je dus admettre que je ne savais pas ce que Kari avait fait pour provoquer Greg. Norma avait demandé à Kari de faire des sandwichs pour Greg. Kari n'avait probablement pas voulu les préparer au début, et quand Greg en réponse avait refusé de les manger, elle avait voulu le forcer. «Maman m'a dit de te faire des sandwichs et maintenant tu vas les manger», dit-elle. «Tu n'es pas mon chef. Je ne suis pas obligé de les manger», rétorqua Greg. Et pour le lui faire bien comprendre, il avait repoussé l'assiette. Mais la table était plus glissante qu'il ne l'avait pensé et les sandwichs avaient atterri sur les genoux de Kari.

J'admis auprès de Greg que j'avais eu tort et m'excusai. Pour éviter de telles erreurs à l'avenir, nous avons instauré un tribunal dans notre famille. Chacun peut présenter les témoins qu'il veut pour étayer son histoire et obtenir l'aide juridique nécessaire, au sein même de la famille. Une fois que les faits ont été intégralement présentés, on décide du coupable.

Dans les moments litigieux entre Norma et moi, sur un thème affectant la famille, j'ai été étonné du nombre de fois où ses décisions étaient justes. Je ne sais pas si elle a une ligne directe avec le ciel, mais ce qui est sûr, c'est qu'elle sent quand quelque chose n'est pas juste. Le fait de décider d'arriver à un accord unanime a amené une plus grande harmonie et une communication plus profonde que tout autre système. Cela a permis à ma femme d'avoir une plus grande estime d'elle-même, et nous a amené à éliminer les discussions à l'emporte-pièce.

Des désaccords constants ne peuvent que nuire à une relation conjugale. C'est sans doute la raison pour laquelle Paul mettait l'accent sur l'unité d'esprit et d'intelligence dans l'Eglise. Il comparait le combat pour l'unité à *l'effort* de l'athlète pour atteindre le but. De même en tant que maris et femmes, nous pouvons apprendre à être uni ou en accord. Le reste de ce chapitre traite des conséquences spécifiques dues au désaccord dans les discussions concernant la famille et à la manière d'appliquer le principe de «l'accord» dans ce cas.

Qu'arrive-t-il quand c'est vous qui prenez toutes les décisions?

Une femme, qui est tenue à l'écart du processus de prise de décision et en particulier des réflexions préalables à cette décision, se sent insécurisée spécialement si celles-ci concernent la stabilité financière ou un changement des conditions de vie. L'instabilité que cela provoque en elle s'étend à d'autres domaines de la vie conjugale comme une maladie contagieuse.

Luc et Claire se battaient pour avoir de quoi manger. Sa petite entreprise l'occupait environ douze heures par jour. Quant à elle, bien qu'enceinte de sept mois, elle travaillait au moins huit heures au bureau. Luc partit pour aller soumettre ses idées d'entreprise à un multimillionnaire habitant dans l'Est du pays. L'homme fut impressionné et fit à Luc une offre généreuse qu'il accepta en moins de cinq minutes. C'était la seule chose «raisonnable» à faire selon lui. Il était impatient d'appeler Claire et de lui annoncer la bonne nouvelle dans un ordre «logique» de façon à ce qu'elle puisse être aussi enthousiaste que lui. Il lui dit: «Premièrement, tu n'auras plus besoin de travailler; deuxièmement, il me donne vingt pourcent des bénéfices – il dit que je serai millionnaire dans un an; troisièmement, tu ne peux pas t'imaginer comme le pays est beau par ici, et il se propose de payer les frais du déménagement.»

Ce fut un choc pour Luc d'entendre Claire pleurer à l'autre bout du fil. Au début, il crut qu'elle pleurait de joie (je sais que c'est dur à admettre, mais il le crut réellement). Dès que Claire eut repris son souffle, elle lui posa quelques questions que Luc considéra totalement ridicules (en fait, il pensa qu'elle avait perdu l'esprit). Elle lui demanda: «Et nos parents?», «Et puis notre appartement, je viens de terminer la chambre du bébé ...» A la troisième question, Luc avec toute sa «sensibilité» masculine raccrocha. Elle avait eu l'audace de lui demander s'il avait oublié qu'elle était enceinte de sept mois! Après lui avoir laissé une heure ou deux pour se remettre, il la rappela. Elle était redevenue maîtresse d'elle-même, et était d'accord pour déménager dans l'Est. Elle laissa ses parents, ses amis, son médecin et ses cours de préparation à l'accouchement sans douleur, ainsi que la chambre pour leur premier enfant qu'elle avait passé tant de temps à préparer.

Claire mit près de huit mois à s'adapter à ce changement, alors qu'il n'avait fallu que quelques minutes à Luc. Luc ne gagna jamais son million, l'entreprise échoua et ils durent déménager à nouveau. Ce fut une leçon mémorable pour Luc, et aujourd'hui il ne prend aucune décision concernant un changement important sans l'accord de Claire. Il essaie de lui donner le temps nécessaire pour s'adapter psychologiquement à des changements, s'il peut les prévoir. Cependant, Luc n'oubliera jamais les sacrifices que sa femme fit si souvent par amour pour lui. Il réalise même que des questions comme: «Et nos parents?», «Et la chambre de bébé?» peuvent avoir beaucoup plus d'importance que l'argent.

Quand le mari prend seul la plupart des décisions, la femme peut ressentir qu'il la trouve stupide, à côté de la question, ou non indispensable dans la famille. Beaucoup d'hommes traitent leurs femmes comme si elles ne connaissaient rien à rien. Quand ils doivent prendre une décision dans un domaine qui leur est familier ou en rapport avec des transactions financières, ils pensent qu'il n'est pas indispensable que leurs femmes se mêlent à la décision.

Germain dut perdre de l'argent avant de respecter l'opinion de sa femme. Il envisageait de nombreuses façons d'investir leurs économies: dans l'immobilier, par des emprunts, jusqu'aux actions en bourse. Après avoir pris des renseignements auprès de promoteurs et s'être documenté, il décida d'acheter une parcelle de terrain au bord d'un lac dans un lotissement où était prévu la construction de résidences pour retraités. Son raisonnement était le suivant: s'il achetait le terrain au moment où cela commençait à se développer, d'ici cinq ou dix ans le prix de revient serait élevé. Quand Liliane découvrit ses projets, elle hésita à investir leur argent. Mais Germain pensa: *«Que sait-elle de la question?»* et il signa le contrat en dépit de ses objections. Quelque temps plus tard, quand il voulut vendre le terrain pour investir l'argent dans une meilleure affaire, il s'aperçut que le terrain était difficile à vendre. Germain et Liliane l'auront probablement encore quand eux-mêmes partiront en retraite. Si Germain avait consulté sa femme, il aurait non seulement économisé beaucoup d'argent, mais il lui aurait aussi permis d'avoir une plus grande estime d'elle-même. Après tout, qu'y a-t-il de mal à devenir «un seul être» avec nos épouses? C'est bien le dessein de Dieu!

En tant que maris, nous ferions bien de nous rappeler que le seuil de tolérance au stress est différent selon les personnes. Quand, dans une prise de décision, vous ne tenez pas compte de votre femme, vous ajoutez du stress dans tous les domaines de sa vie. Comme je l'ai dit plus haut, les effets de ce stress se répercuteront sur son état de santé.

Comme dans beaucoup d'autres domaines de ma relation conjugale, j'ai dû passer à rude école pour apprendre cela. Je l'ai mentionné plus haut, quand mon travail exigeait que je voyage beaucoup, je n'ai jamais demandé à Norma si elle pouvait y arriver seule avec nos trois jeunes enfants; je présumais simplement que oui. Comme résultat de ce poids de responsabilités supplémentaires, elle vint un jour vers moi, au bord de la dépression nerveuse. Je dus prendre un emploi avec moins de responsabilités dans mon entreprise, mais j'appris l'importance de prendre soin de ma famille. Cela m'apporte beaucoup plus de joie et de plénitude qu'aucun autre travail. Aujourd'hui, je suis heureux dans mon travail. Quand un homme apprend à aimer sa famille par-dessus tout, ses autres activités et ses amis n'en ont que plus de sens.

J'ai de la peine quand je repense à certains incidents du passé. Un jour, Norma et les enfants étaient venus me chercher au travail à cinq heures pour aller manger des hamburgers. Juste au moment où elle arrivait, on m'appela pour une réunion de dernière minute. Je lui expliquais rapidement que j'allais la rejoindre dans quelques minutes. Mais la réunion dura deux heures. Je n'étais pas gêné cependant. J'étais en colère parce qu'elle ne m'avait pas attendu patiemment et avec amour dans la voiture en faisant patienter nos enfants affamés. Si seulement je pouvais revivre cette expérience! Je dirais: «Chérie, on vient de me convoquer pour une réunion imprévue. Peux-tu rentrer à la maison et donner à manger aux enfants en m'attendant? Nous pourrons manger tranquillement tous les deux plus tard». Ou bien, j'expliquerais à mes associés que j'ai prévu quelque chose avec ma famille. Regardons les choses en face, les réunions qui se tiennent aussi tard ne servent en général pas à grand-chose. (Et les femmes des collègues pourraient en bénéficier elles aussi).

Finalement, les disputes sont probablement l'effet secondaire le plus habituel des décisions prises de façon unilatérale par le mari. Comme la colère aiguise la langue, la transformant en une arme tranchante, maris et femmes peuvent terminer leurs querelles par des critiques mutuelles sur leur caractère Et parfois on n'oublie pas les paroles prononcées dans le feu d'une discussion. Ma femme se souvient encore de ce que je lui ai dit de négatif quand nous sortions ensemble!

Si une femme se sent menacée lors d'une dispute, elle peut sentir la colère monter et exiger que les choses se passent comme elle l'entend. Si son mari ne comprend pas qu'elle agit ainsi parce qu'il menace sa sécurité, il peut se sentir attaqué personnellement ou penser que son autorité est mise en question. Ils continueront tous les deux à se disputer comme des chiens sauvages se bagarrant pour être le chef de la meute, alors que chacun devrait entrer dans la façon de penser de l'autre pour arriver à une compréhension mutuelle.

Supposons qu'un mari, pour améliorer sa relation avec sa femme, ait l'idée de prendre de courtes vacances à deux, en laissant les enfants à la garde de la grand-mère. Sa femme pourrait réagir en disant: «Tu fais pression sur moi». Lui se sent giflé en plein visage. Son intention n'était pas de faire pression sur elle, et il ne voit aucune raison logique pour qu'elle le ressente ainsi. Il sort de ses gonds et les voilà repartis pour une nouvelle dispute. Mais qui compte les points? Si votre femme dit qu'elle se sent sous pression, prenez les choses comme elle les dit! *Elle est sous pression!* Essayez d'entrer dans son monde pour découvrir pourquoi elle ressent les choses ainsi – ne discutez pas du fait que vous n'avez pas voulu mettre volontairement une pression sur elle. Si votre idée, pour une raison ou une autre, l'a amenée à se sentir sous pression, alors elle est sous pression. Essayez de lui dire quelque chose comme: «Merci chérie d'exprimer ce que tu penses à propos de ces vacances. Je ne veux pas que tu ressentes les choses de cette façon. Je peux parfaitement comprendre. Je fais machine arrière, et peut-être pouvons-nous penser à quelque chose d'autre qui nous conviendrait à tous les deux».

Le tableau ci-dessous montre comment éliminer les discussions secondaires avant qu'elles ne fassent boule de neige et ne se transforment en conflits majeurs.

Si elle dit:	*Réponse typique du mari:*	*Essayez plutôt de dire:*
«Tu fais pression sur moi ...»	«Je ne fais pas pression sur toi. Je voulais simplement que nous fassions quelque chose ensemble.»	«Chérie, je peux parfaitement comprendre que tu sois sous pression. Si tu sens que ce que je dis fait pression sur toi, je l'accepte tout à fait. Ce n'était pas mon intention. Peux-tu me dire ce qui te fait ressentir les choses ainsi?»
«Je déteste aller à la plage. Je ne veux pas y aller.»*	«Tu aimais pourtant la plage avant que nous soyons mariés.»	«Je sais que je devrais savoir pourquoi tu ne veux pas aller à la plage, mais pourrais-tu me dire une fois de plus pourquoi tu ne veux pas?»

«Non, je ne veux pas t'accompagner à ton match. Je déteste ces jeux de ballon.»

«J'essaie de faire des activités avec toi. Le moins que tu puisses faire est de venir avec moi de temps en temps et que tu m'encourages dans mes loisirs.»

«Chérie, une des raisons pour lesquelles tu n'aimes pas venir, c'est parce que je fais si peu attention à toi quand je joue, n'est-ce pas?»**

*Elle peut avoir plusieurs raisons pour dire cela, l'une étant qu'elle est gênée de sa silhouette. A ce sujet, un mari doit être tendre, compréhensif et gentil. Souvenez-vous que certaines femmes ne se sentent pas aussi à l'aise en maillot de bain qu'un homme.

**Si elle répond oui, demandez-lui les autres raisons pour lesquelles elle ne veut pas venir. (Souvenez-vous que si vous réagissez négativement aux raisons qu'elle vous donne, elle sera moins désireuse de vous faire part de ses vrais sentiments à l'avenir). Vous pouvez lui donner «le temps de souffler» et revenir sur le sujet une autre fois. Si elle dit non, demandez-lui de vous expliquer pourquoi, tendrement et avec un désir réel de la comprendre et d'attacher de l'importance à son opinion.

Prendre des décisions ensemble

Une fois que vous avez trouvé une méthode efficace, tenez-vous-y. Chaque fois que nous avons voulu prendre des raccourcis, ma femme et moi nous nous sommes mis dans une situation difficile.

Après avoir eu une brève discussion sur le fait de déménager à la campagne, nous trouvâmes la maison de nos rêves. Je mis une annonce dans le journal pour vendre notre maison, et achetai une pancarte «à vendre» que je plantai dans notre jardin. Un voisin vint me demander le prix de vente que nous avions fixé. Quand je le lui annonçai, il me dit qu'il était beaucoup trop bas; cela pourrait faire baisser la valeur marchande des maisons du voisinage. Un sentiment de malaise commença à me ronger. Comme Norma et moi n'avions pas discuté des détails de ce prochain déménagement, j'essayai de lui téléphoner, mais ne réussis pas à la joindre. J'annulai l'annonce et enlevai la pancarte que j'avais mise dans la cour. Quand Norma arriva à la maison, nous nous mîmes à remplir le tableau que nous utilisons habituellement pour prendre des décisions importantes, et après avoir pesé les avantages et les inconvénients, nous décidâmes que ce n'était pas une bonne idée de vendre la maison à ce moment-là.

Le tableau que nous utilisons nous aide à être d'accord dans les décisions importantes à prendre. Face à une décision nous faisons une liste des avantages et des inconvénients pour chaque possibilité. Nous évaluons chaque raison: Cette décision aura-t-elle des effets à long terme? La raison est-elle égoïste ou aide-t-elle les autres? Puis, nous faisons le total des «pour» et des «contre», et nous voyons *ce* qui l'emporte, et non *qui* l'emporte.

Bien que vous puissiez penser avoir en tête toutes les raisons nécessaires pour prendre une décision, le fait de les voir écrites et classifiées simplifie et montre les grandes lignes de la décision à prendre.

Ce tableau pour et contre nous oblige, en tant que couple, à considérer le plus grand nombre de faits possibles. Par exemple, si je conseille quelqu'un, je ne peux les aider que si je connais le maximum de faits sur leur situation. Plus il y a de faits, plus le tableau semble clair, et la solution facile. Si je demande à une personne d'écrire les faits sur une feuille de papier, elle arrive souvent à trouver la solution elle-même.

Laissez-moi vous donner un exemple de la marche de ce tableau pour ma propre famille.

Une décision importante: Devrais-je changer de travail?

Ce changement impliquerait un déménagement à plus de mille kilomètres de l'endroit où nous habitons actuellement pour un salaire moins important.

1. Faites la liste des raisons pour et contre le changement de travail et le déménagement. (Je donne quelques raisons que nous avons utilisées à titre d'exemple).

Si nous déménageons:

Avantages:	*Inconvénients:*
1. Nous pourrons élever notre famille dans une ville plus petite.	1. J'aurai un salaire moins important. Pourrons-nous nous y faire?
2. Nous aurons plus de possibilités d'apporter de l'aide à des familles d'une façon plus «concentrée» (parce que moins dispersées géographiquement).	2. Avons-nous vraiment envie de vivre dans une ville plus petite et de perdre l'avantage d'une grande ville avec ses centres commerciaux, etc.?
3. Il y a beaucoup de terrains de camping dans la région où nous allons déménager, et le climat est plus doux pendant toute l'année.	3. Nous devrons quitter de très bons amis.
4. Deux de nos amis habitent dans cette ville.	4. Avons-nous les moyens d'acheter une maison là-bas?

5. Il n'y a pas d'aéroport à proximité pour mes voyages d'affaires.

2. Faites la liste des raisons pour et contre le fait de ne pas déménager et de ne pas prendre un nouveau travail.

Si nous restons:

Avantages:

1. Nous conserverons notre salaire actuel.

2. Nos enfants ne seront pas obligés de changer d'école.

3. Nous continuerons à bénéficier des boutiques et des centres commerciaux dont nous avons l'habitude.

Inconvénients:

1. Nous perdrons la possibilité d'aider des familles de façon personnelle.

2. Nos enfants ne vivront pas sous un climat plus chaud avec des possibilités plus importantes de faire des activités sportives et autres.

3. Nous n'aurons pas la possibilité de fréquenter une nouvelle église que nous apprécierons certainement en tant que famille.

Il est important de noter les raisons de faire une chose et *de ne pas* la faire. Cela nous oblige à envisager les différents aspects des deux points de vue.

3. Evaluez chacune des raisons données. Prenez votre décision en fonction de ces évaluations.

«Votez pour le grand déménagement» était ce qu'on pouvait lire sur l'affiche de Kari. Elle en avait placardé toute la maison pour gagner des votes en faveur de notre déménagement pour un autre état. Comme le responsable d'une campagne publicitaire, elle essayait activement de faire pencher les votes des deux autres enfants de son côté.

Quand le jour du vote arriva, je donnai un bulletin de vote à chacun des membres de ma famille. Le suspense se fit plus intense quand je lus chaque bulletin à haute voix, jusqu'à ce qu'enfin on ait compté toutes les voix. «*Oui*» gagna à l'unanimité.

La règle de la majorité n'est pas admise. Si un des membres avait voté «Non», je crois qu'il aurait été important de considérer pourquoi ce membre avait voté différemment. Un ingrédient essentiel d'une famille heureuse, c'est l'accord total, l'unanimité. La discussion devrait rester ouverte jusqu'à ce que chacun soit d'accord.

Que faire si un mari et sa femme sont dans une impasse pour prendre une décision importante?

Au lieu de chercher un arbitre pour la bataille qui suivra, retardez la décision le plus longtemps possible, afin de rassembler des faits supplémentaires. On doit décider ce qui est le mieux pour l'ensemble de la famille, et si on n'arrive pas à se mettre d'accord, le mari devrait prendre la décision en pensant en premier lieu au bien de la famille. Une attitude d'amour et de compréhension peut faire fondre le cœur de la femme et lui donner la sécurité dont elle a désespérément besoin dans les moments de décision difficile.

Réflexion personnelle

1. Est-ce qu'un mari doit se soumettre à sa femme (Ephésiens 5:21)?
2. Quelle est la signification des versets avant et après Ephésiens 5:22, où il est demandé à la femme de se soumettre? Lisez également Colossiens 3:17-19.

3. Puisqu'un mari doit aimer sa femme comme Christ a aimé l'Église, il est essentiel que nous sachions comment Christ nous aime. Que pouvons-nous apprendre à ce sujet dans Matthieu 20:25-28?

4. Ecrivez une définition simple de la soumission. Etudiez Romains 12:10.

10
Un mariage réussi? C'est plus facile que vous ne pensez!

«Aussi longtemps que j'étais parmi eux, je les ai gardés attachés à ta personne dont tu m'as donné de partager les perfections ... Je les ai protégés et aucun d'eux ne s'est perdu»
(Jean 17:12 – Parole Vivante).

Quand j'étais jeune marié, je demandais souvent à d'autres couples s'ils pouvaient me donner le secret d'un mariage heureux. Et la réponse habituelle était: «Tu auras des problèmes avec ta femme, mais si tel est votre destin, vous resterez ensemble. Sinon vous vous séparerez». Plus tard, quand je m'inquiétais de rester proche de mes enfants, les gens me répondaient: «Vos adolescents se rebelleront. C'est normal». Ces philosophies semblaient si pessimistes que je me sentais découragé à chaque fois que l'harmonie domestique était menacée au cours d'une querelle. Je ne pouvais trouver ni article ni livre expliquant comment créer une famille chaleureuse et aimante. Cependant, aujourd'hui, je peux dire sans réserve que ma femme est ma meilleure amie. Nous y sommes parvenus parce que nous avons mis en pratique un principe reçu de plusieurs familles épanouies. Ce principe a éliminé toute espèce de manque d'harmonie dans notre famille et nous a rapprochés les uns des autres.

J'ai appris ce principe en parlant avec plus de 30 couples à travers le pays. Je les ai choisis parce qu'ils semblaient avoir des relations étroites et que leurs enfants, pourtant pour la plupart adolescents, semblaient tous proches de leurs parents et heureux de l'être. C'étaient des familles pleines d'enthousiasme – rayonnantes de bonheur dans la plupart des cas. En parlant à différents groupes, je sondais l'auditoire pour trouver la famille qui semblait la plus heureuse. Ensuite, je l'interrogeais. Je parlais souvent à la femme d'abord, ensuite au mari, et enfin aux enfants. Je leur posais toujours la même question: «A votre avis, quelle est la raison pour laquelle vous êtes une famille si unie et si heureuse?» Invariablement, chaque membre de la famille donnait la même réponse: «Nous faisons beaucoup de choses ensemble». Le plus étonnant pour moi était que ces familles avaient *une activité spécifique qu'ils pratiquaient ensemble.*

Je peux dire en toute vérité que j'ai suffisamment testé les suggestions de ces familles et reconnu leur valeur. Je ne crains plus que ma famille se désagrège ni que mes enfants nous rejettent ma femme ou moi quand nous serons plus âgés. C'est parce que ma famille met en pratique ces choses que ces autres familles heureuses nous ont suggérées.

Partagez des expériences

Jésus nous a laissé un exemple en partageant sa vie avec ses disciples. Ils voyageaient, mangeaient, habitaient, guérissaient et exerçaient leur ministère *ensemble.* Il les guidait, veillait sur eux et les protégeait; puis il priait pour eux (Jean 17). Son exemple d'unité et de partage permanent m'incite à devenir «un» avec ma famille en programmant de nombreux moments ensemble.

Comme chaque famille que j'interrogeais, mentionnait le *camping,* je commençai à m'y intéresser comme étant une activité de détente possible. La première pensée de Norma fut pour les insectes, les serpents, la saleté et toutes les innombrables petites bestioles rampantes. Elle n'aimait pas le camping. Bien qu'ayant campé que rarement, je ne me souvenais pas d'avoir rencontré des problèmes insurmontables. Nous décidâmes d'essayer. Norma accepta avec réticence, empochant une bombe insecticide et une spirale antimoustique. Nous empruntâmes une tente et nous nous mîmes en route pour la Floride. Nous trouvâmes un magnifique endroit dans le Kentucky et bien qu'appréhendant d'être seuls sur ce terrain de camping, je ne dis rien. Après nous être garés dans la seule allée éclairée, nous allumâmes un feu de camp pour faire griller des saucisses. Tout était paisible. Personne aux alentours pour nous distraire. Nous mîmes les enfants au lit vers neuf heures. Norma et moi restâmes éveillés. Nous jouissions du spectacle d'un lointain orage tout en bénéficiant d'une brise chaude. Les éclairs commençaient à se rapprocher, mais nous pensions que nous serions épargnés et nous allâmes nous coucher le cœur léger.

Les enfants étaient endormis quand je rampai aux côtés de Greg, tandis que Norma rejoignait Kari. Nous étions assez proches pour nous prendre la main pendant que nous parlions à voix basse. Je pensai: «*C'est ça la vie! Je comprends pourquoi tout le monde aime le camping.*» Mais mon sentiment de sérénité fut balayé quand la tempête commença à faire rage autour de nous et abattit le lampadaire à côté de notre tente. Tout fut plongé dans un noir d'encre qu'illuminaient des éclairs fréquents. Le tonnerre grondait, secouant le sol en-dessous de nous. La pluie battait contre notre tente au point que l'eau se fraya un passage, imbibant d'eau nos oreillers.

«Chéri, est-ce que tu crois que notre tente *va s'envoler?*» demanda Norma faiblement. «Non, il n y a aucune chance», répondis-je pour la rassurer. Je pensais en réalité que cela allait arriver. J'étais sûr que nous allions mourir. Mais en une heure la tempête se calma et des étoiles réapparurent dans le ciel. Nous gisions là, retenant notre respiration sur nos oreillers trempés, chacun se demandant en silence si le camping était vraiment fait pour nous. J'étais curieux de savoir pourquoi le camping jouait un rôle si important dans le rapprochement des membres de la famille. Il était évident qu'une famille qui faisait face ensemble à une mort certaine et s'en sortait vivante se sentirait plus unie!

Le Colorado était la destination de notre premier voyage avec la caravane. Nous piaffions d'impatience de voir les pics enneigés et de respirer l'odeur des pins. Je pouvais déjà entendre le grésillement des truites dans la poêle. Comme nous commencions l'ascension de la montagne, le moteur ralentit: 50 km/h, 40, 30, 25 pour descendre à 15 km/h. Le moteur chauffait. J'avais l'impression de faire corps avec le moteur tellement mes mains transpiraient. Nos enfants sentaient qu'il y avait de la tension dans l'air et commençaient à s'exciter et faire du bruit. «Je dois m'arrêter sur la prochaine aire de stationnement», leur annonçai-je. Mes nerfs étaient tendus à l'extrême. Les trois enfants sautèrent immédiatement hors du véhicule. Je n'eus même pas le temps de m'inquiéter du moteur surchauffé, que notre plus jeune fils Michael se mit à hurler de toute la force de ses poumons. Son frère aîné, rassemblant quelqu'énergie supplémentaire, avait shooté dans ce qu'il pensait être une boîte de conserve vide. Malheureusement elle était à moitié pleine d'huile de transmission. La boîte avait atterri à l'envers sur la tête de Michael et il était recouvert d'huile de la tête aux pieds; son nez, ses oreilles et même sa bouche en dégoulinaient. Ne nous attendant pas à une pareille calamité, nous n'avions pas d'eau dans la caravane pour le laver. Nous avions peur que sa vue soit atteinte, parce qu'il clignait des yeux pendant le reste du voyage.

J'ai raconté seulement les événements «tragiques» de nos expériences de camping, mais nous avons aussi vécu des choses fantastiques en escaladant le sommet de montagnes ou en explorant la nature sauvage. Mais nous comprendrons la signification réelle du camping quand nous aborderons le point numéro trois de ce chapitre. Le fait de faire des activités avec votre famille peut vous revenir un peu plus cher, mais vous ne regretterez aucun centime que vous dépenserez.

Par exemple, Norma me téléphona un jour pour me demander si je ne voulais pas acheter un hors-bord et tout l'équipement pour faire du ski nautique. Au début je n'étais pas convaincu, cependant l'idée semblait séduire tous les membres de la famille. Nous achetâmes un modèle tout à fait sûr. Quand nous nous élançâmes la première fois sur le lac, je remarquai que ma femme s'accrochait au bastingage comme si elle craignait que nous chavirions à tout moment. Je pensais que j'avais tout en mains, cependant la panique était clairement écrite sur son visage. Elle agrippait le pare-brise d'une main tandis que de l'autre, telle un naufragé, elle s'accrochait désespérément à la barre. «Norma, qu'est-ce qui ne va pas?» lui demandai-je. «Je déteste les bateaux», dit-elle lentement. «Tu plaisantes? Tu détestes le bateau? C'est toi qui m'as demandé d'acheter un bateau et maintenant tu me dis que tu détestes ça? Est-ce que tu peux t'expliquer?» Je ralentis et laissai le bateau aller à la dérive pour qu'elle soit assez détendue pour me parler. «Toute ma vie, j'ai eu peur de faire du bateau, dit-elle. J'ai vraiment un problème avec ça». J'en restai coi.

Elle m'expliqua longuement qu'elle détestait le bateau, mais qu'elle pouvait apprendre à l'apprécier. Elle est convaincue que le bateau et le ski nautique vont tisser des liens plus étroits entre nous. Elle est décidée à supporter le bateau aussi longtemps qu'il le faudra jusqu'à ce qu'elle l'aime, pour le bien de toute la famille.

Peu de temps après notre première aventure en bateau, j'étais assis, au cours d'un de mes voyages, à côté d'un agent d'une compagnie aérienne. Je lui demandai comment il se débrouillait avec sa famille, et il me dit qu'ils étaient très proches. «Quelle est la chose la plus importante qui vous unit dans votre famille?» lui demandai-je. «Il y a plusieurs années, dit-il, nous avons acheté un yacht et nous avons fait le tour des baies et des îles de la région de Seattle. Ma famille aime tellement le bateau que c'est un excellent moyen pour nous unir».

J'aimerais que tous les pères puissent ressentir les choses de cette façon. Un homme admit tristement que, lorsque lui et ses enfants se rencontrent pour de rares réunions de famille, ils n'ont pratiquement rien en commun. «C'est une expérience qui fait mal au cœur, expliqua-t-il, d'avoir vos enfants qui reviennent à la maison et qui n'ont rien en commun. Vous savez, la seule fois où nous rions en tant que famille, c'est quand nous nous souvenons du temps où nous avons pris trois semaines de vacances. Nous avons loué une tente et nous sommes partis camper. Quelles vacances! Nous rions encore de ce que nous avons vécu.»

Il n'avait pas d'autres souvenirs de l'unité familiale. Sa femme avait son club féminin, lui son club de messieurs, les enfants avaient leurs activités. Ils grandissaient tous séparément, chacun dans son propre univers. «Maintenant que nous nous retrouvons seuls, ma femme et moi nous avons très peu de choses en commun, se lamentait-il. Nous sommes deux personnes solitaires, perdues dans notre cinq-pièces».

Le simple principe de partager la vie a influencé les autres domaines de notre vie de famille, ainsi nous accompagnons Greg et Michael quand ils vont jouer au football ou Greg et Kari quand ils vont prendre leur leçon de piano. Autant que possible, nous cherchons des moyens de passer du temps ensemble – la cuisine, la pêche, mettre les enfants au lit, faire du jardinage. Chaque chose que nous faisons ensemble en tant que famille constitue pour moi un capital de notre unité future.

Quand je pense à Hawaï, je m'imagine avec un masque, des bouteilles de plongée, un fusil de pêche ou tout ce qui se rapporte à l'eau. Ma femme rêve d'un collier d'orchidées à la descente de l'avion, de dîner dans des restaurants romantiques, de louer une voiture et de faire du tourisme pendant la journée. Nos désirs sont complètement différents. Nous sentons que, bien qu'un homme et une femme aient besoin d'avoir des activités différentes, ils ont aussi besoin de découvrir le monde de leur conjoint pour avoir une idée des goûts de l'autre. Pendant que ma femme fait du tourisme, je peux faire de la plongée, mais en soirée nous irons dîner ensemble dans un endroit plein de charme. Parfois ma femme fera de la plongée avec moi, et cela me fera plaisir de l'accompagner dans ses visites touristiques. Je ne dis pas que je préfère le tourisme à la plongée ou qu'elle préfère avoir une tenue de plongée plutôt qu'une nouvelle robe, mais nous croyons qu'il est important de faire des compromis afin de partager des expériences. Ensuite, quand le voyage n'est plus qu'une note d'hôtel dans votre portefeuille, c'est ce que vous avez vécu à deux pendant ce voyage qui vous rapprochera.

Je demande souvent aux couples s'ils font parfois des activités ensemble. Quand je parle des vacances, je vois souvent le visage du mari qui s'illumine tandis que sa femme fait la grimace. J'en conclus habituellement qu'ils ont pris leurs vacances à l'endroit choisi par le mari. C'était probablement un rêve pour lui, et une «torture» pure et simple pour elle et les enfants.

Tenez compte des suggestions suivantes avant de planifier une excursion en famille

Tout d'abord, voyez quelles activités vous aimez faire ensemble, avec votre femme et vos enfants. Ensuite, considérez le programme de chacun pour voir si la sortie prévue ne sera pas un moment pénible pour les personnes concernées. Par exemple, nous sommes d'accord, en tant que famille, que Greg ne devrait pas faire de sport collectif jusqu'à la saison prochaine, parce que nous avons l'intention de camper pendant le week-end, plutôt que de nous asseoir sur des bancs à le regarder jouer au football. De temps en temps, nous comparons nos emplois du temps pour vérifier que nos activités familiales ne forcent pas l'un d'entre nous à manquer un événement important.

A ce stade-là, demandez à votre femme de nommer dix activités qu'elle aimerait faire avec vous tout au long de l'année.

1.
2.
3.
4.
5.
6.
7.
8.
9.
10.

Ensuite, demandez-lui d'évaluer laquelle de ces activités est la plus importante pour elle. Ne soyez pas surpris si elle préfère faire certaines choses seule – ou si elle n'a pas du tout envie d'être avec vous. Si elle n'a pas le désir de partager des activités avec vous, réfléchissez à votre attitude passée à son égard. Avez-vous fait la moue quand vous avez «dû» faire une chose qu'elle voulait faire? Si c'est le cas, elle se souviendra de ces moments-là et essaiera d'éviter d'entreprendre quoi que ce soit avec vous par la suite. Maintenant, passons à la deuxième suggestion pour être une famille unie.

Reconnaissez le besoin d'appartenance de chacun

Nous connaissons tous la sensation agréable que nous avons quand nous pouvons dire: «Je fais partie de ce club, ce sont mes amis; le club a besoin de moi». Pendant un entretien avec une majorette, j'ai appris combien les femmes ont besoin de ce sentiment d'appartenance. Elle m'a dit qu'elle aimait la façon dont son mari la traitait quand elle revenait d'une tournée de quelques jours. Il était si ravi qu'elle soit de retour à la maison! Il la gâtait, lui disant combien elle lui avait manqué. Mais son attitude valorisante le quittait au bout de deux jours. Alors, il recommençait à la considérer comme faisant partie des meubles. Comment se fait-il que nous restions rivés à la télévision comme si nos femmes n'existaient pas? Il semble que nous nous rendons le plus compte que nous les aimons, lorsqu'elles sont absentes de nos vies pour quelques jours. Mais une fois que nous les avons eues avec nous pendant un moment, les soupirs s'installent, n'est-ce-pas?

Le principe d'appartenance m'a été montré à travers ce que j'ai vécu avec ma fille. Quand Kari avait neuf ans, je sentais une barrière entre nous. Je ne pouvais rien détecter de précis, nous n'étions tout simplement pas proches. Malgré tous mes efforts, je ne pouvais casser la barrière. De temps en temps Norma faisait des commentaires, disant que je préférais mes fils à ma fille. Je disais: «Les garçons sont plus ouverts. Voilà une des raisons de cette préférence.» «Tu ferais mieux de faire quelque chose pour consolider ta relation maintenant, dit Norma, car ce sera encore plus difficile lorsque Kari sera grande.» Ainsi, je testai la valeur du sentiment d'appartenance et décidai d'emmener Kari avec moi lors de mon prochain voyage d'affaires d'une semaine. Nous n'étions toujours pas très proches, cependant elle commença à s'enthousiasmer quand nous fîmes notre programme de voyage: ce que nous allions faire et où nous dormirions. Pendant le voyage en avion, nous travaillâmes sur ses problèmes de multiplication jusqu'à ce que cela me rende presque fou – et l'homme qui était en face de nous également! Nous passâmes la première nuit chez une famille de fermiers. Je remarquai la connivence entre nous, lorsque nous riions et chantions autour de la table du dîner, en compagnie des nombreux enfants. Par moments, nous ne parlions même pas. Il nous suffisait d'être ensemble. Kari semblait s'amuser autant dans cette ferme que quand elle m'aida à préparer mes réunions. Je la laissais distribuer du matériel, aussi sentit-elle qu'elle faisait partie de mon équipe, de façon toute spéciale. Et il en était ainsi.

Nous décidâmes de suivre la route touristique de Portland à Seattle. Je voulais lui montrer la petite ville où j'avais grandi, à côté de Portland. C'est si petit qu'on a à peine le temps de mettre la tête à la fenêtre qu'on est déjà sorti du village. Ensuite, nous eûmes une crevaison près de la rivière Columbia: nous changeâmes la roue ensemble et descendîmes à la rivière pour trouver un bout de bois pour en faire un souvenir. Nous essayâmes d'escalader une montagne recouverte de neige, mais dûmes finalement la contourner et prendre la route la plus longue pour rentrer à Seattle. Nous nous souviendrons tous les deux de ce voyage avec ses bons et ses mauvais moments. Pendant ces quatre dernières années, depuis ce voyage, je n'ai *jamais* senti une barrière entre nous. Je ressens une complète harmonie et une unité en compagnie de Kari. Elle a toujours le bout de bois qui trône dans sa chambre, souvenir silencieux de notre lien et de sa relation spéciale avec Christ; elle y a inscrit le jour où elle est née de nouveau.

Laissez les moments difficiles vous rapprocher

Les tranchées font des amitiés pour la vie. Avez-vous jamais entendu les histoires de copains qui ont partagé la même tranchée pendant la guerre? A chaque fois qu'ils se retrouvent, il se crée une camaraderie instantanée que personne ne peut leur ravir, un sentiment né du fait d'avoir survécu ensemble à une épreuve. Les épreuves peuvent amener la maturité et des attitudes aimantes (Jacques 1:2-4).

Les familles ont aussi leurs tranchées. Même quand une crise laisse des cicatrices profondes, le conflit peut rapprocher ses membres. Dans le camping, ce sont peut-être les crises qui ont un effet si unificateur sur une famille. Toute famille qui peut survivre aux insectes, au lierre vénéneux, aux orages, aux saucisses brûlées et au sable dans les œufs doit sortir plus unie de cette expérience. Pendant une crise, vous devez vous reposer les uns sur les autres. Nous nous souvenons tous de mésaventures qui nous sont arrivées pendant nos voyages et nous rions, bien qu'à l'époque cela n'avait rien de drôle. Comme la nuit où Norma me réveilla à deux heures du matin, si gelée qu'elle me demanda: «Chéri, ne pourrais-tu pas nous ramener à la maison?» Nous étions à deux heures de chez nous, mais j'abandonnai mon «lit» douillet pour plier bagage et partir. Sur le chemin du retour elle m'appela son John Wayne, bien qu'à ce moment-là je ne me sois pas vraiment senti comme lui.

Pour ce qui concerne le camping, nos fiascos ont été nombreux. *Encore deux heures et «home, sweet home»*, pensai-je après notre première expérience de camping. La tension devenait palpable tandis que nous attendions impatiemment de retrouver notre maison avec l'eau chaude et nos lits familiers. Maintenant, quand nous pensons à cette expérience, nous rions et nos rires nous lient en tant que mari et femme, parents et enfants.

L'activité que les femmes préfèrent faire avec leur mari

Beaucoup de femmes m'ont parlé de l'importance d'une communication intime avec leur mari – des moments particuliers pour être ensemble – une fois que les enfants sont couchés, pendant la journée au téléphone, au petit-déjeuner, au dîner, au restaurant pour prendre une tasse de café. Ces temps de partage privilégiés peuvent être le moment le plus agréable dans la journée d'une femme. Ma femme est d'accord pour dire qu'un temps de partage intime avec moi est la chose qu'elle préfère dans notre relation. Nous nous faisons une règle de prendre le petit déjeuner ensemble aussi souvent que possible dans un restaurant proche, juste pour discuter de notre emploi du temps futur. Je l'interroge sur ce dont elle a besoin pour la semaine et ce que je peux faire pour l'aider et vice versa. J'aime ces discussions parce que je sais qu'elle les aime. Mais le plus important est que ces moments d'intimité me manqueraient vraiment si nous les négligions.

Pour nous comprendre vraiment pendant nos conversations, nous utilisons un concept rarement enseigné en classe: la «méthode de la restitution». Bien qu'elle soit très simple, vous verrez qu'elle sera une aide fantastique pour éviter les malentendus. Elle comprend quatre étapes:
1) Je demande à ma femme de me faire part de ses pensées et ses sentiments.
2) Je réponds en reformulant ce que je crois qu'elle a dit.
3) Elle répond par oui ou non.
4) Si elle répond non, je continue à reformuler ce que je crois qu'elle a dit jusqu'à ce que j'obtienne un oui.

Ma femme utilise ces quatre mêmes étapes quand je lui explique mes sentiments. Notre communication est beaucoup plus profonde puisqu'aucun de nous ne croit qu'il comprend automatiquement ce que dit l'autre. (Dans le passé, les malentendus et les sous-entendus semaient la confusion et gâchaient beaucoup d'échanges.) Ce procédé a éliminé beaucoup de malentendus dans notre couple.

Réflexion personnelle

1. Comment l'exemple de Paul par rapport à ses disciples peut-il être appliqué aux relations familiales (dans 1 Thessaloniciens 2:7-11)?
2. Planifiez une façon simple pour devenir «une seule chair» (Eph. 5:31). Utilisez l'exercice ci-dessous pour vous aider.

Quelles activités pouvons-nous partager dans la vie?

A. La vie chrétienne
– L'église
– La prière: Quand, où, à quel rythme?
– L'étude biblique: quand, où, à quel rythme?
– Le témoignage
– Aider les autres

B. Voyages ou vacances
– Quel serait ton rêve de voyage? Que comprendrait-il?

C. Quelles sont mes deux activités préférées?
– Décrivez en détail au moins une activité.

D. Quelles sont les deux activités favorites de ma femme?
– Pouvons-nous combiner nos activités préférées?

E. Quelle est l'activité que j'ai peur d'assumer – ou que je me sens incapable d'assumer? Comment mon conjoint pourrait-il m'aider à surmonter ces craintes?

11
Ainsi vous voulez une femme parfaite?

«Car je n'oserais rien mentionner que Christ n'ait fait par moi»
(Romains 15:18).

«*Si tu étais* plus soumise, nous serions loin d'avoir autant de problèmes», c'est ce que j'avais l'habitude de dire à ma femme d'un ton moralisateur. J'étais sûr que nous pouvions parvenir à un mariage harmonieux et réussi, si seulement je pouvais la motiver à changer ses attitudes et sa façon de me répondre. Et je pensais toujours à de nouveaux moyens – ingénieux et convaincants – pour la faire changer. Bien sûr, mes idées «géniales» la rendaient habituellement encore plus rebelle, mais je ne me laissais pas démonter pour autant. Après tout, la plupart, sinon tous nos problèmes sont de sa faute, pensais-je. Je dis même: «Tu es si bornée et entêtée que c'est de ta faute si notre mariage est sur la mauvaise pente et qu'il se détériore» ou «Si seulement tu n'étais pas aussi hystérique quand nous discutons de notre avenir, j'aurais davantage envie de partager ma vie avec toi. Je ne peux pas supporter ton émotivité.»

Je croyais à cette époque que le mari était le «capitaine» du bateau. Quand je donnais des ordres, je m'attendais à ce que tout le monde «se mette au garde-à-vous» et suive mon commandement sans broncher. Ma vision erronée m'amenait à critiquer continuellement l'attitude de ma femme. Je peux me rappeler l'avoir menacée de manière à donner plus de poids à ce que je disais. Je la mettais au «régime silencieux», me fermant, espérant attirer son attention afin qu'elle vienne «ramper» devant moi après avoir vu l'erreur de ses façons d'agir. Et je peux facilement me rappeler mon entêtement à lui faire et refaire des sermons sur les mêmes sujets. Faire des remontrances n'est pas aussi efficace, et de loin, que les trois approches suivantes

Soyez l'exemple de ce que vous voulez qu'elle soit
(Romains 15:18)

Des études ont montré que les enfants copient beaucoup plus facilement les actes de leurs parents que leurs paroles. J'ai découvert que ce principe est aussi vrai dans les relations entre adultes. Une femme est, inconsciemment, beaucoup plus désireuse d'aider son mari à avoir les bonnes attitudes s'ils ont une bonne relation et si elle l'admire. Malheureusement l'inverse est aussi vrai. Plus un mari exige que sa femme change quand il n'est lui-même pas un bon exemple, moins elle est désireuse de faire des progrès.

J'ai essayé de changer ma femme dans certains domaines. Des mois durant, je lui fis des sermons, la mis dans l'embarras, menaçai de ne pas partir avec elle en vacances, m'efforçant de la faire changer par bien des moyens nouveaux. Mais, plus je parlais, moins elle semblait entendre. Finalement, je compris combien j'avais manqué d'amour dans ma façon d'agir. Je résolus de ne plus la critiquer jusqu'à ce que je puisse moi-même être transformé en ce mari aimant dont elle avait besoin. Je la critiquais dans des domaines où j'étais moi-même coupable (Rom. 2:1-2).

Comment un homme peut-il s'attendre à ce que sa femme ait de la maîtrise de soi dans des domaines de sa vie où lui-même ne montre pas l'exemple?

Maintenant, *j'étais* prêt à quelques changements. «Norma, je pense que je vais essayer de changer et je suis décidé à commencer. Je vais cesser de te harceler». «Tu sais, dit-elle, moi aussi j'ai réfléchi, et je veux vraiment changer, en particulier dans ce domaine qui te gêne». «Non, dis-je, ne fais pas cela, parce que je veux être le premier à changer. Si tu changes, tu ne seras plus aussi stimulante – tu connais mon esprit de compétition». «Chéri, je veux vraiment essayer et je vais changer», répliqua-t-elle.

J'étais confus, parce que c'était la première fois qu'elle voulait *vraiment* changer. *Alors, elle dit quelque chose que je n'oublierai jamais.* «Gary, tu sais, une des raisons pour lesquelles cela a été si dur pour moi de briser mes vieilles habitudes? C'est parce que ton attitude était terrible. Quand tu me critiques, je perds à la fois l'envie et l'énergie pour m'y mettre. Et tu es parfois si mauvais quand tu me critiques que je ne veux pas faire de progrès, parce que cela t'encouragerait à persister dans des attitudes désastreuses». Maintenant que j'avais supprimé cette pression, elle me dit qu'elle pouvait sentir ma différence d'attitude. «Gary, je veux vraiment changer, et tu vas réellement m'aider maintenant».

Il est inutile de faire des reproches à votre épouse

J'ai appris qu'une attitude tendre, sensible et compréhensive de la part du mari éveille chez la femme beaucoup plus le désir de changer que tout ce qu'il peut essayer d'autre. Malheureusement, je n'avais pas appris l'art d'être sensible pendant nos premières années de mariage, et ma femme ne se sentait pas toujours libre d'être complètement honnête avec moi par peur de mes réactions.

Un frisson me parcourt l'échine quand je me souviens combien le fait que Norma ne pouvait pas me communiquer ses vrais sentiments a nui à notre union. Une de nos expériences les plus pénibles à cet égard commença lors d'une réunion de famille.

Nous étions tous les deux fatigués et irrités après une longue journée dans une réunion de famille près du Lac Tahoe, quand une discussion commença. Je ne sais pas comment nous trouvâmes assez d'énergie pour une querelle aussi violente. Je devenais de plus en plus irrité et perturbé à mesure qu'elle refusait de se soumettre et d'accepter mes changements d'horaires. Finalement, son attitude m'énerva tellement que je lui dis qu'elle avait gagné. A ce moment-là, je faisais partie d'une organisation qui enseigne aux autres comment réaliser l'harmonie familiale, et je ne pouvais même pas y parvenir dans ma propre famille! Je vivais avec le sentiment désagréable que Norma pourrait exploser au mauvais moment et me mettre dans l'embarras. Je ne voulais pas exercer davantage de pression sur elle, aussi décidai-je que je n'avais pas d'autre choix que de démissionner et d'essayer de trouver un autre emploi.

Nous étions tous deux en colère ce soir-là, au point que personne n'ouvrit la bouche. Je me réveillai à cinq heures, le lendemain matin, avec une sensation désagréable au fond de l'estomac et allai me promener au bord du lac pour réfléchir. Je pensai à ce que je dirais à mon chef, et comment je pourrais faire face aux changements qui allaient survenir dans ma vie. Avec une certaine paix, je retournai au motel pour parler à Norma de mes plans.

Elle commença à pleurer, m'implorant de ne pas quitter mon emploi. «J'ai eu tort, sanglota-t-elle, je vais changer». La transformation complète de son attitude me mit dans la confusion. «Cette fois-ci, tu peux me faire confiance, je te garantis que cela n'arrivera plus jamais, aussi longtemps que je vivrai, dit-elle au milieu de ses larmes. Je ne veux pas que tu quittes ton travail parce que tu m'en voudras jusqu'à la fin de nos jours. Tout ce que tu me diras de faire, je le ferai».

Enfin, pensai-je, *elle commence à reconnaître ses erreurs. Maintenant nous pouvons commencer à avoir un mariage plus harmonieux.* Je ne pouvais pas être plus éloigné de la vérité. Norma n'avait pas été tout à fait honnête avec moi. Au lieu d'un changement d'état d'esprit, elle était si blessée et offensée par mon attitude critique que son cœur s'était durci. Mais, puisque je menaçais sa sécurité en l'éloignant de ses amis et d'une maison qu'elle aimait pour l'amener dans un autre lieu, sans même la promesse d'avoir l'argent nécessaire, elle cacha ses vrais sentiments. A ce moment-là, je ne comprenais pas combien une telle menace pouvait détruire une femme. Norma se battait pour sauver sa maison de la seule manière qu'elle connaissait – en acceptant ma proposition. Mais ce n'était pas parce qu'elle comprenait soudain ma théorie du mariage; elle n'avait tout simplement pas d'alternative.

Elle cacha ces ressentiments pendant des années. En conséquence, notre relation ne pouvait pas devenir ce qu'elle aurait dû, à cause des griefs cachés qu'elle conservait à mon égard. Elle se souvient qu'elle me détestait au plus profond d'elle-même, mais qu'elle était souriante en apparence. Cela me fait frémir d'y penser. Puisqu'elle semblait heureuse, je ne pouvais pas imaginer qu'au fond, je la dégoûtais. Lorsque je me remémore cette expérience, je réalise où j'ai péché. J'exigeais, et ne tenais pas compte de ses besoins. Je ne faisais aucun effort pour comprendre ses limites physiques et émotionnelles, et comment des changements brusques affectent une femme. J'étais aussi très critique au sujet de ses attitudes et de sa fatigue. Je menaçais sa sécurité d'une façon froide et calculatrice. Si j'avais eu suffisamment de compréhension, j'aurais attendu un jour ou deux pour discuter de ce que je voulais faire, et le résultat aurait été différent. C'est seulement au cours de ces dernières années que nous sommes arrivés à ce type de relation qui permet la transparence.

N'exigez pas, partagez ce que vous ressentez

La deuxième façon d'augmenter le désir de votre femme d'améliorer votre union est de *partager* ce que vous ressentez, au lieu d'exiger qu'elle fasse des progrès. Permettez-moi de clarifier ce principe du «partage» en le divisant en quatre parties:
1. Apprenez à exprimer vos sentiments par des attitudes aimantes: chaleur, empathie et sincérité. Des attitudes d'amour augmentent considérablement le désir d'une femme d'entendre nos commentaires. La chaleur est l'acceptation amicale d'une personne, le sentiment que cette personne est suffisamment importante pour que vous lui consacriez votre temps et vos efforts. L'empathie est la capacité de comprendre votre femme et de vous identifier à ses sentiments. Pouvez-vous vous mettre à sa place et voir la situation de son point de vue? La sincérité est de montrer un souci réel pour votre femme, que ce soit en public ou en privé. Un commentaire tel que «tu ne peux pas imaginer, ma pauvre vieille» donne à votre femme une bonne raison d'être une «pauvre vieille» quand vous rentrez à la maison.
2. Evitez de l'accuser quand vous exprimez ce que vous ressentez. Quand vous dites à votre femme «Tu ne ranges jamais cette maison» ou «Tu ne prépares jamais le dîner à l'heure» ou «Tu cries

toujours après les enfants», vous verrez qu'elle est capable de s'entêter encore davantage contre vous. Selon le psychologue Jerry Day, le «tu» la rend encore plus déterminée à suivre son propre chemin. Quand un mari dit avec colère «Ne peux-tu pas t'occuper un peu de ce que je ressens, moi, pour changer». Elle pense, *ses sentiments, bien sûr! Et les miens alors!* Le «tu» incline rarement votre femme à penser à vous; cela la rend, en général, furieuse, parce qu'elle sait que vous ne vous souciez pas de ses sentiments.

3. Attendez pour partager vos sentiments que votre colère se soit calmée. Quand vous êtes en colère, le ton de votre voix à lui seul peut provoquer la mauvaise réaction chez votre femme. Vous pourriez même laisser échapper des mots que vous ne pensez pas vraiment. Tandis que vous attendez de vous être calmé, restez silencieux ou passez à un sujet plus neutre. Si votre femme vous demande pourquoi vous ne dites rien, répondez-lui honnêtement. Evitez les sarcasmes et dites quelque chose comme «J'ai besoin d'un petit moment pour repenser à tout cela afin de mieux comprendre mes sentiments». Le psychologue Henry Brandt encourage mari et femme à être suffisamment honnêtes pour dire «Je suis en colère, discuter de notre problème maintenant serait catastrophique. Peux-tu attendre que je me sois calmé?». Ainsi, vous serez capable d'avoir une conversation au lieu d'une dispute. Le fait de remplacer «tu» par «je me sens» une fois que vous vous êtes calmés tous les deux est une meilleure façon de parler de vos désaccords. Voici quelques exemples:

Domaine dans lequel votre femme devrait changer:	Réaction typique à éviter:	Formulez-le plutôt ainsi:
Elle n'a pas de respect pour vous	«*Tu* ne me respectes pas comme tu devrais».	«Chérie, tu ne le réalises peut-être pas, mais je me sens découragé à chaque fois que tu prononces des paroles irrespectueuses». Placez l'exemple de ce qu'elle dit et qui vous décourage.
Elle ne vous accepte pas tel que vous êtes.	«*Tu* essaies toujours de me faire ressembler à quelqu'un d'autre.»	«Chérie, je ne t'en veux pas de me dire ces choses. Bien souvent, nous ne sommes pas sur la même longueur d'onde. *Mais, honnêtement, je ne comprends pas ce qui te blesse dans ma façon d'être.* Et j'ai l'impression que tu ne m'acceptes pas tel que je suis».
Elle manque de patience à votre égard.	«*Tu* ne me laisses jamais ma chance. Pourrais-tu arrêter de me harceler et me laisser tranquille. Je ne suis pas parfait, mais je ne suis pas pire que le mari de Sarah.»	«Chérie, je pense que tu mérites une médaille pour être encore avec moi, et j'aimerais que notre relation soit meilleure, pour toi. J'aimerais savoir mieux prendre soin de toi, mais cela va probablement me prendre un bon moment avant d'être capable d'adopter de nouvelles ha-

Elle vous critique devant les autres.	«*Tu* me rends malade quand tu me critiques comme tu l'as fait ce soir. Si cela se reproduit une fois, je ne t'emmenerai plus jamais dans aucune soirée. Tu m'as vraiment rendu ridicule ce soir.»	«Chérie, je sais combien tu aimes être avec tes amis. Est-ce que nous pourrions parler un de ces jours de ce que je ressens quand nous sommes dans ces réunions? Cela m'ennuie d'amener la conversation sur ce sujet, mais il y a une chose que tu fais qui m'ôte tout désir d'être avec nos amis. Je me sens vraiment mal à l'aise et j'ai le moral à zéro quand tu me critiques en face des autres.»

Au début de la phrase: «bitudes. Je perds souvent tout désir de faire des efforts quand tu me critiques parce que je ne fais pas de progrès aussi rapidement que tu le voudrais.»

4. Enfin, essayez d'abandonner le «*je te l'avais bien dit*». Quelle que soit votre façon de l'exprimer, éliminez-le de votre vocabulaire. De telles affirmations reflètent une arrogance et un égocentrisme qui peuvent être dangereux pour votre mariage. Voici les exemples les plus typiques d'exprimer «je te l'avais bien dit.»
— «Si tu avais commencé par faire ce que je t'avais dit, cela ne serait pas arrivé!»
— «Je le savais ... C'est juste ce que je pensais. Je t'avais seulement demandé de faire une chose ... Je ne peux pas le croire ... Tu ne peux jamais écouter? ... Il faut toujours que tu en fasses à ta tête, n'est-ce-pas? Eh bien, j'espère que tu es contente maintenant.»
— «Je ne dirai rien, mais ... un jour peut-être tu apprendras à tenir compte de mon avis.»

Y a-t-il d'autres façons par lesquelles vous dites à votre épouse «je te l'avais bien dit?»

1. ....
2. ....
3. ....
4. ....
5. ....

Si rien ne vous vient à l'esprit maintenant, demandez à votre femme si elle peut vous en rappeler quelques-unes. Norma le pourrait.

J'ai repensé aux moments où j'avais blessé Norma, et elle a fait la même chose pour moi. Cela la sécurise de savoir que *je ne lui permettrai pas* de me manquer d'égards. Elle aime être tenue pour responsable de la façon dont je me sens. Je crois aussi qu'il est important qu'un mari ait le courage de partager ses sentiments avec sa femme. Un lion peut rugir avec colère, mais un homme digne de ce nom se doit de dire les choses avec douceur. Dites-lui que vous avez besoin de réconfort. Faites-lui savoir que vous avez besoin de ses louanges. (Je sens que j'ai besoin du même traitement que Norma. Si elle veut que je progresse en tant que mari, il est essentiel qu'elle sache ce qui m'encourage ou me décourage dans ce processus). Vous êtes le seul à pouvoir dire à votre femme ce dont vous avez besoin.

Eveillez sa curiosité

La troisième façon d'augmenter le désir de votre femme de faire des progrès vient du vieux dicton: «Vous pouvez amener un cheval à une rivière, mais vous ne pouvez pas l'obliger à boire». Mais vous *pouvez* le faire boire si vous mettez du sel dans son avoine. Plus vous mettrez de sel, plus il aura soif et plus il boira. Plus vous aiguiserez la curiosité de votre femme, plus elle sera attentive. J'ai nommé ce principe le «principe du sel». *Soyez avare dans l'expression de vos sentiments. Ne les partagez pas tant que vous n'aurez pas obtenu une attention parfaite.* Une fois que vous dominerez ce principe, vous pourrez capter l'attention de n'importe qui, même si la personne sait ce que vous faites. En d'autres termes, ce principe est le suivant: *Ne communiquez jamais vos sentiments ou une information que vous considérez comme importante sans d'abord éveiller la curiosité chez l'interlocuteur.*

Ce principe est efficace et je peux obtenir l'attention de ma famille, même quand tout le monde a les yeux rivés sur le poste de télévision. Si je veux que mes enfants aillent au lit immédiatement, je peux l'utiliser pour qu'ils y aillent sans menace, ni reproche ni cri. Christ nous a laissé l'exemple de sa façon d'enseigner et de motiver les gens. Il utilisait des paraboles pour créer l'intérêt. En fait, il nous a dit de ne pas enseigner la vérité à ceux qu'elle n'intéresse pas (Matthieu 7:6).

Ce principe m'a également déjà mis dans une mauvaise posture. Lors d'une conférence, quelqu'un posa une question qui me fit dire sans même réfléchir: «Réalisez-vous qu'une femme peut avoir six attitudes qui incitent réellement son mari à vouloir faire des progrès?» Au moment où ces mots sont sortis de ma bouche, je réalisai que je m'étais mis dans l'embarras. Une femme leva la main: «Quelles sont ces six attitudes?» demanda-t-elle. J'enrageai intérieurement, quand je réalisai que je ne pouvais pas parler de ces six attitudes et terminer le sujet que j'avais commencé. Je dus m'excuser auprès de l'auditoire pour avoir joué avec leur curiosité. Je n'ai pas oublié cet épisode, parce qu'après la réunion je fus «assailli» par des personnes curieuses d'en savoir plus. Je dus passer une heure après cette réunion à leur expliquer les six attitudes. Maintenant, si vous vous demandez quelles sont ces six attitudes, vous pouvez les trouver dans le deuxième tome de ce livre destiné aux épouses: «Si seulement elle savait ...»

Permettez-moi de définir quatres étapes pour illustrer la manière dont vous pouvez attirer l'attention de votre femme quand vous voulez partager vos sentiments avec elle. Tout d'abord, identifiez clairement le sentiment que vous voulez lui communiquer. Par exemple, vous voulez qu'elle comprenne combien vous êtes découragé lorsqu'elle vous reprend en public.

Deuxièmement, identifiez quelques-uns des domaines dans lesquels votre femme voudrait que vous changiez. Peut-être votre femme aimerait-elle que vous lui prouviez votre affection en lui tenant la main ou en mettant votre bras autour d'elle en public. Troisièmement, utilisez ce qui l'intéresse le plus, assaisonné d'une pincée de vos sentiments pour stimuler sa curiosité. Utilisez son désir que vous lui témoigniez votre affection en public pour dire quelque chose comme: «Chérie, quand nous sommes avec des amis, j'ai envie de mettre mon bras autour de tes épaules et de montrer à tout le monde combien je suis fier de toi. Mais certaines choses que tu fais m'en enlèvent tout désir.»

Quatrièmement, ajoutez un petit peu plus de sel en posant une question pour éveiller davantage sa curiosité. Dites quelque chose comme: «Sais-tu ce que tu fais?» ou «Je ne devrais probablement rien dire cette fois-ci, n'est-ce pas?» ou «Est-ce que cela t'intéresse de savoir pourquoi je ressens les choses de cette façon?» Si cela ne l'intéresse pas en cet instant, essayez plus tard.

Vous trouverez ci-dessous quatre exemples qui montrent comment un mari peut «saler» pour que sa femme soit attentive à ses sentiments.

Domaines dans lesquels vous voudriez que votre femme change:	Le «sel» qui incite votre femme à changer:
1. Elle résiste à vos avances sexuelles	«Chérie, sais-tu ce qui m'encourage réellement à améliorer notre mariage? (Non). C'est quand je vois que nous travaillons ensemble à construire notre relation. (Oh! ça c'est une bonne chose). Je pense à un domaine important où j'ai l'impression que tu ne me soutiens pas. (Oh, qu'est-ce que c'est?). Est-ce le moment d'en parler? (Oui) Eh bien, je me sens incompris et rejeté quand tu me repousses la nuit. Peux-tu me dire ce qui ne va pas?» (Montrez-vous gentil et tendre pen-

dant la conversation qui suit. Vous découvrirez peut-être qu'elle se sent offensée ou bien d'autres possibilités encore, mais vous ne résoudrez pas le problème en une seule discussion).

2. Elle monopolise la conversation quand vous êtes invités à une réception.

«Chérie, je sais que tu as envie d'aller à cette réception le week-end prochain. Il y a une chose cependant qui me fait fuir toutes les réceptions ou soirées. (Qu'est-ce que cela peut bien être?) Eh bien, je ne suis pas sûr que je puisse l'expliquer sans te blesser. Veux-tu vraiment que nous en parlions? (Oui) Je sens que tu me laisses de côté lorsque nous sommes en groupe.» *(Demandez-lui comment vous pourriez ensemble remédier à cela. Peut-être pourriez-vous parler un peu plus et elle un peu moins. Si vous en discutez avant de vous rendre à la réunion, vous pourrez augmenter les chances que ce soit plus agréable pour tous les deux.)*

3. Elle ne veut pas vous parler quand vous êtes seul avec elle.

«Chérie, nous revenons encore sur la question d'améliorer notre relation. Tu désires toujours encore que notre relation s'améliore, n'est-ce pas? (Oui) Il y a une chose que je ne comprends pas et qui arrive de temps à autre au courant de la semaine. Je ne crois pas que cela puisse nous aider dans notre relation, surtout lorsque les enfants auront grandi et seront mariés, et que nous serons à nouveau seuls. (Oh, qu'est-ce que c'est?) Je veux parler de ces silences qui s'installent entre nous lorsque toi et moi sommes seuls. J'aimerais te parler, mais je ne sens pas ce même intérêt chez toi, tu sembles ne pas en avoir envie du tout. Je me demande si je fais quelque chose dont je ne me rends pas compte et qui t'éloigne de moi. Peut-être ne suis-je pas sensible à ta fatigue, ou à ce qui te préoccupe. Je voudrais savoir ce qui se passe, parce que je me sens vraiment laissé de côté quand nous sommes seuls ensemble et que tu ne me parles pas.»

4. Elle ne cesse de vous harceler à propos des réparations à faire dans la maison.

«Chérie, je ne t'en veux pas d'avoir cette attitude de temps en temps. Je le mérite. Mais quand tu me fais une certaine remarque, cela m'enlève toute envie de faire des réparations dans la maison. (Qu'est-ce que c'est?) Eh bien, je sais que j'y suis également pour quelque chose, mais jusqu'à maintenant, je suis incapable de voir dans quelle mesure j'y contribue. Crois-tu que c'est le moment favorable pour en parler? (Oui, chéri, quoique ce soit, mettons-le en lumière.) Eh bien, tu vois, chérie, tu m'enlèves toute motivation quand tu te mets en colère et que tu me répètes cinq fois de suite de faire une chose et que j'oublie à chaque fois. Mon esprit est occupé ailleurs, et je n'arrive tout simplement pas à m'en souvenir. Mais je veux vraiment faire le nécessaire dans la maison. Pouvons-nous voir ensemble comment m'aider dans ces travaux et faire en sorte que tu n'aies plus besoin de me le rappeler sans cesse? Je perds toute envie de faire quoi que ce soit quand tu m'en parles constamment.»

En résumé, si un homme veut vraiment que sa femme progresse et que leur union soit renforcée, il devrait être l'exemple de ce qu'il veut voir en elle, avant de lui faire la moindre remarque. Il devrait avoir le courage de lui faire part de ses sentiments et éviter de l'accuser. Et enfin, il devrait utiliser «le principe du sel» pour capter toute son attention avant d'exprimer ses sentiments.

Réflexion personnelle

Faites la liste des changements que vous souhaitez voir chez votre femme et, ensuite, écrivez ce que vous envisagez de faire pour devenir son exemple. (Romains 15:18; 2:1-2).

12
Attention, cela peut aussi vous arriver!

«L'orgueil d'un homme l'abaisse, mais celui qui est humble d'esprit obtient la gloire»
(Proverbes 29:23).

«Norma, je pense que tu devrais *vraiment* prendre deux jours de vacances, compte tenu de tout ce que tu as dû affronter pendant mon absence, tous les invités que tu as reçus, le groupe du mariage, la peinture dans la chambre de Greg ... Je vais trouver une jeune fille pour garder les enfants, et toi, tu vas te reposer. Je ne pense pas que tu t'en sortes trop bien». J'essayais de travailler à mon livre, mais je me sentais vaguement irrité de voir que Norma avait l'air nerveuse et inquiète. Elle dit: «Je n'ai pas besoin d'aide. C'est comme si je ne pouvais pas faire les choses par moi-même.» «Mais je ne crois pas que tu t'occupes bien de toi-même, dis-je en grondant et d'une voix dure. Sûrement, le fait d'écrire un livre m'impose plus de pression que de rester avec les enfants!» «Je pense que je me débrouille très bien, rétorqua-t-elle. Mais tu me donnes l'impression que je ne peux pas m'en tirer toute seule». Elle ne se laissa pas entraîner dans une mauvaise discussion.

A ce moment, les principes de mon livre me vinrent à l'esprit et traversèrent mon irritation. Je compris que j'étais irrité et nerveux et que Norma subissait les conséquences de mon insensibilité. J'avais une fois de plus «explosé»! «Tu as raison. Tu n'as pas besoin de cela. Tu te *débrouilles* merveilleusement. Apprendrai-je jamais?»

Le lendemain, elle vint me rejoindre dans ma «retraite» au motel pour le petit déjeuner, et de nouveau nous discutâmes de mon échec à l'encourager. Mes motivations étaient de l'aider, mais mes paroles insensibles étaient venues du fait que je me demandais si j'étais *réellement* le mari que je devrais être. Si j'étais un bon mari, peut-être ma femme ne se sentirait-elle pas si nerveuse et épuisée. Mes pensées avaient été: *Chérie, encore* une semaine et j'en aurais terminé avec les deux livres. S'il te plaît, tiens le coup. Que vont penser les personnes qui liront notre livre si je n'ai pas l'air de te rendre heureuse?

Norma dit qu'elle comprenait et me rappela que ma conduite agressive était de moins en moins fréquente, et que les périodes de disharmonie étaient de plus en plus courtes au fur et à mesure que nous apprenions à rétablir notre relation.

Pourquoi ces temps difficiles disparaissent-ils? Il y a deux raisons à cela:
1. Je reconnais mes attitudes agressives et j'accepte que je n'ai pas abouti.
2. J'*obtiens* son pardon plus rapidement en suivant les idées du chapitre 5.

(Et quand *nous nous efforçons tous les deux d'atteindre* la meilleure relation possible, c'est d'un grand secours!).

«Mais, vous demandez-vous, quand puis-je me reposer et bénéficier du fruit de mes efforts?» Vous souvenez-vous de l'histoire de ce jeune couple qui avait été séparé pendant un an, jusqu'à ce que le mari apprenne à reconquérir l'affection de sa femme? (Chapitre 2). Elle ne pouvait pas supporter ses manières paresseuses, insensibles, dominatrices et égoïstes. Il suivit la plupart des principes énoncés dans ce livre pendant cinq ans après qu'ils eurent repris la vie commune, et elle était en train de retrouver une relation amoureuse et commençait à s'épanouir. Alors, il commit *l'erreur fatale! Il se relâcha et voulut quelque chose en retour pour ses années d'effort.* Il considéra qu'il pouvait maintenant commencer à jouir du fruit de son labeur – un mariage «normal» où les femmes sont soumises et où les hommes commandent. Petit à petit, il retrouva ses vieilles habitudes et attitudes: paresseux, insensible, dominateur, égoïste. Une fois de plus, elle perdit ses sentiments d'amour envers lui.

Aujourd'hui il recommence tout à zero. Heureusement, cette fois-ci, ils ont tous les deux le désir d'avoir un meilleur mariage et chacun de son côté cherche à être aidé.

Construire un mariage heureux demande l'effort de toute une vie! Ne vous relâchez pas! Et n'estimez jamais que vous êtes arrivé au but! «L'orgueil précède toujours la chute» (Prov. 29:23). Peut-être vous dites-vous: «Je suis fatigué de tout recommencer à nouveau!» Un homme ne pouvait pas y arriver. Il continuait à oublier certains des principes de ce livre. Sa femme était prête à le quitter, et rien ne semblait pouvoir empêcher cela, jusqu'au jour où je lui dis «Jean, à chaque fois que tu ne parviens pas à la réconforter et que tu perds le contrôle de toi-même, dans son esprit tu retournes au point de départ – et à ce moment-là elle veut de nouveau te quitter». «C'est pour cela, dit-il, pas question que je recommence à chaque fois». *Et il ne recommença pas.* Ce fut la fin de ses explosions de colère. Vous pouvez faire de grands pas en avant, mais à chaque fois que vous glissez, votre femme peut penser que vous n'avez pas changé du tout. Souvenez-vous que ma femme a mis deux ans à me croire.

Réflexion personnelle

1. En quoi le secret de la prière est-il lié au fait de devenir un mari qui aime toujours plus sa femme? (Voir Luc 11:5-8 et Luc 18:1-7).
2. Combien de fois un mari devrait-il pardonner à sa femme et continuer à essayer de construire un mariage basé sur l'amour (Matthieu 18:21)?

TABLE DES MATIÈRES

1. Comment faire fuir votre femme sans le faire exprès . .   7
2. Où sont passés les sentiments? 24
3. Si votre femme n'occupe pas la première place, vous êtes perdant 38
4. Votre femme a besoin de votre appui – et non de vos discours! 54
5. Comment surmonter les difficultés – même les plus graves – du mariage 67
6. Ce à quoi aucune femme ne peut résister 93
7. Ce qu'une femme admire le plus chez un homme 104
8. Si votre femme ne se sent pas protégée, elle vous négligera 112
9. Querelles de mots ... Il y a de meilleures méthodes . . . 124
10. Un mariage réussi? C'est plus facile que vous ne pensez! 138
11. Ainsi vous voulez une femme parfaite? 150
12. Attention, cela peut aussi vous arriver! 164

« **Publications Chrétiennes inc.** » est une maison d'édition québécoise fondée en 1958. Sa mission est d'éditer ou de diffuser la Bible ainsi que des livres et brochures qui en exposent l'enseignement, qui en démontrent l'actualité et la pertinence, et qui encouragent la croissance spirituelle en Jésus-Christ.

Pour notre catalogue complet :
www.publicationschretiennes.com

Publications Chrétiennes inc.
230, rue Lupien, Trois-Rivières, Québec, CANADA – G8T 6W4
Tél. (sans frais) : 1-866-378-4023, Téléc. : 819-378-4061
commandes@pubchret.org

www.ingramcontent.com/pod-product-compliance
Lightning Source LLC
Chambersburg PA
CBHW071717090426
42738CB00009B/1800